JN000210

D2C THE MODEL

株式会社 SUPER STUDIO

取締役副社長兼COO
花岡 宏明
HIROAKI HANAOKA

CMO
飯尾 元
GEN IIO

CROSSMEDIA PUBLISHING

全ては「自分たちの事業をより良くしたい」という想いから

「EC でモノを売ると儲かるらしい」

　私たちはこの信じられないほどの安易な言葉をキッカケに、2014 年から EC 業界に D2C メーカーとして参入しました。

　当時の私たちは、コト、モノづくりのプロフェッショナルとして知見を持っているわけではなく、EC に対してあまりに無知で、自分たちがこれらの業界に参入しているという感覚すらありませんでした。市場調査も、競合調査も、戦略設計も数値計画すら行わず、ただ「このコト、モノづくり事業が面白くて仕方ない」、そんな少年のような想いで日々を全速力で走っていました。

　その中で、EC 事業を成功させるために、モノづくりだけでなく必然的にマーケティングからサプライチェーンまで、全てのことを学びました。また、EC 事業を最高レベルの環境で運用するためのシステムを自分たちで作っていきました。効果のありそうなマーケティングを片っ端から実行したり、短期で PDCA を回すべく成果データを管理したり、売上が上がるほど大変になっていくオペレーションを自動化したりなど、事業が前に進むごとに必要なシステム開発を繰り返していきました。

　今思えば、これらの全ての行動は、単純にこの業界で生き抜くために実施していたように思います。

　こうして駆け抜けているうちに、自分たちが取り組んでいる事業は

「D2C」と呼ばれていることを知ります。

　自分たちがD2Cの最先端プレイヤーとして走り続け、D2C事業を成功させるために自分たちが必要とする機能を開発する。この事業の現場をより良くするための日常活動の連続から生まれたのが、私たちが提供する統合コマースプラットフォーム「ecforce」というサービスです。

　そして、私たちは決して1人で走ってきたわけではありません。

　事業を運営するメーカーはもちろん、WEB制作会社、広告代理店、倉庫会社、コールセンター、決済代行会社、ツールを扱うツールベンダーなど、様々なパートナーと共に成長している実態がそこにはありました。その中で、ふとしたきっかけで自分たち以外にもシステムを使っていただき始めてから、自社システムの外販を開始し、私たちのサービスは約1年近くで口コミのみで100社を超える契約をしていただけるようになりました。

　　「こんな広告が流行っているからこんな機能をつけたらどうか」
　　「物流のオペレーションでこういうものがあると便利」
　　「顧客対応が大変だからこんな機能を実装しよう」

　私たちのサービスは規模が拡大するにつれて、気づけば、ただ自分たちのほしいものを作るのではなく、共に走っているユーザーやパートナー企業と共に、業界が今必要としているもの、これから求められるものを一緒に作るようになっていました。

コト、モノづくりの不都合な真実

　ただ、夢中で走り抜けてきた過程で、モノづくりの不都合な真実ともたくさん向き合うことにもなりました。

　それは、「良い商品」よりも、「売り方のうまい商品」の方が売れるということです。

モノづくりの現場で活動する中で、コトやモノというのは、間違いなく人々の情熱によって生まれていることを知りました。しかし、コトやモノに向かう情熱がある人ほど、マーケティングやITの知識がなく、その価値をビジネスとして最大化しきれていない実態がそこにはありました。この情報格差の結果として、人の情熱によって作られたプロダクトやサービスが日の目を浴びることなく散っていったシーンをたくさん見てきました。

　私たち自身、商売においてマーケティングが上手なのは決して悪いこととは考えていません。しかし、現状では事業成長におけるマーケティングやITの重要度はあまりに大きく、「これがコト、モノづくり業界のあるべき姿なのか」と疑問を抱くようになりました。

　そして、D2Cモデルによるコト、モノづくりはやらなければいけないことが多すぎるという事実もあります。毎日発生する出荷や顧客対応といった定常業務、販売チャネル構築、販売手法ごとのデータ分析、顧客データを活用したCRMなど、本来のコト、モノづくりに注がれるべき熱量や時間を減らさざるを得ない要因として常に存在します。

　情熱をもってはじめたコト、モノづくりのはずが、いつしか現場から顧客や商品に関する議論はなくなり、それらが数値改善やトラブルシューティングの話題ばかりで埋もれてしまうのです。

　世の中には私たちの生活を豊かにしてくれるコトやモノがたくさんあります。しかし、これらはほんの一部であり、世の中にはまだまだ面白い体験価値が眠っているでしょう。

　私たちはコト、モノづくりを支えるビジネス環境のイノベーションにより、健全な競争環境、持続可能な生産環境を作り出し、いつの時代も人々のライフスタイルに合わせた豊かさを追求できる社会を目指しています。

　そうすることで、ヒトの情熱によって生み出されたワクワクするコトやモノが世界中の人に届けられ、それは私たちの生活を確実に豊かにしていくと信じているからです。

本書にかける想い

　これから本書で伝えていくのは、D2C ビジネス成功のための事業与件となる知識やノウハウと、それらの事業与件を前提とした「D2C THE MODEL」という D2C ビジネスのフレームワークです。

　「商売の DX」という抽象度の高い文脈で、全てのコト、モノづくりに携わる事業者にとって EC ／ D2C シフトは今後ますます避けては通れないほど重要で乗り越えるべき課題になっていくと想定されます。

　そのような中で、この「D2C THE MODEL」は、D2C ビジネスの成功に再現性をもたらし、多くの事業者が迷わず最短距離で自社の事業成長と向き合えるようにしたいという想いから執筆しました。

　D2C ビジネスでは、個社固有の強みや独自性の構築が成功の鍵となるのは多くのビジネスと同様です。しかし、全ての事業者が守るべきセオリーや考え方は事業づくりの基礎として共通しています。この共通事項の理解があってこそ、自社の強みや独自性の発揮に邁進できるのです。

　しかし、たかだか 10 〜 20 年程度の歴史しかない EC や D2C ビジネスでは、こういったセオリーや考え方は、他社に先行して D2C ビジネスへ大きな投資やリソースをかけて成功と失敗を繰り返した事業者やプレイヤーのみが「集合知」として保有できているのが実態です。

　そこで本書では、実際に私たちが D2C ビジネスを運営する中でたくさん出会ってきた成功や失敗経験で得られたセオリーと考え方を、誰もが入手し共有できる「集合知」として体系的にまとめました。

　コトやモノづくりに多くの情熱を注ぎ、独自性の高い事業構築を通して、顧客の生活を豊かにしようとする事業者にとって、本書が知識やノウハウの差によって望まない結果を招かないための「銀の弾丸」、つまり解決が容易ではない「商売の DX」に関する課題を劇的な解決に導くような存在となることを願っています。

目次

第 1 章

D2C とは ～ダイレクトチャネルから D2C へ ……… 13

第 **7** 章

マーケティングとチャネル ……………… 133

第 **8** 章

CRM と LTV

第 **9** 章

システムとデータ

第 **1** 章

D2C とは
〜ダイレクトチャネルから D2C へ

まず押さえるべきは、
D2C 化の意義とビジネスルール

世界で広がるD2C

　海外では日本よりも一足先に D2C 化が進行しており、具体的に D2C 化は大きく4つの方向性で進んでいます。

　①スタートアップによる新規ビジネスとして D2C ブランド立ち上げ
　　　Everlane、Warby Parker、AWAY など
　②従来メーカーによる D2C チャネルシフト
　　　NIKE、adidas など
　③従来メーカーによる D2C ブランド買収
　　　P&G、Unilever など
　④リテールや顧客保有者による PB ブランド立ち上げ
　　　walmart など

　D2C 化が志向されている背景やその成立の後押しとなった要素については後述しますが、海外でも国内でもそれらは共通しています。また、米国のトレンドに続き、日本でも D2C や DNVB（Digital Native Vertical Brand）のビジネスモデルが脚光を浴びるようになってしばらく経ち、D2C スタートアップが上場する事例も現れています。D2C では、従来の中間流通やリテールを介して商品販売を行うメーカー業と異なり、特に次の3つが最新鋭のビジネスモデルとして注目されています。

　①D2C は、一切の中間業者と中間マージンを排除し、直接顧客に価
　　　値を届けられ、利益率の高いメーカービジネスの構築手段である
　②D2C は、新たなブランド構築の手法、ブランドのあり方である
　③D2C は、コミュニティを軸として、ブランドストーリーへの共感
　　　が共感を呼び、従来のマーケティングロジックとは外れて、コミュ
　　　ニティ熱量で成長していくビジネスモデルである

　私たちの考えでは、これらはD2Cの特徴の一片を捉えているとはいえ
ども、どれもビジネスを拡大する手段としてのD2Cの本質的な意味を表
すには不十分に思えます。

　では、D2Cの本質的な意義はどこにあり、なぜ新規参入者、既存メー
カー含め、様々な企業がD2C化を志向しているのでしょうか。

　この第1章では、D2Cのエッセンスとなる事項について、過去のメー
カービジネス・ECビジネスとD2Cの違い、D2C化の意義とそれが可能
にすることなど、様々な角度からD2Cを掘り下げていきます。

従来のメーカービジネスとD2Cが担う領域

　次の図は、メーカービジネスが構築している商流の全体構造を表してい
ます。各バリューチェーン上の代表的な事業者例とその主な役割は次の通
りです。

1-1:一般的なメーカービジネスの商流構造

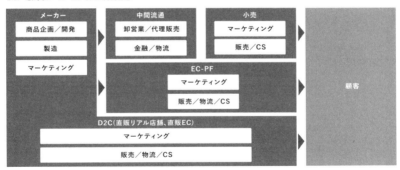

①メーカー

　一般消費者向けに商品を企画・開発・製造・提供し、広げるためのマー
ケティング活動を行う。自社の店舗やECを保有している場合は、その店
舗で自社商品を一般消費者向けに直接販売する。

15

第1章 D2Cとは〜ダイレクトチャネルからD2Cへ

1 2 3 4 5 6 7 8 9

②中間流通事業者

　メーカーが流通させる商品を複数販路に拡販するための、モノとカネの流れの間を取りもつ。

③小売事業者

　一般消費者向けのリアル販路を構築し、マーケティングや販促企画を通して顧客基盤を強くしていく。そして、様々なメーカーの商品を仕入れて取り扱うことで、品揃えを最大化し販売する。

　店舗設計や、顧客向けの直接接点は小売事業者が保有し、カスタマーサポートやCRMなどの販促活動も小売店が担う。

④ EC-PF（EC プラットフォーム）

　EC上の販路を構築し、マーケティングや販促企画を通して顧客基盤を強くていく。そして、様々なメーカーの商品を仕入れて取り扱うことで、品揃えを最大化し販売する。

　ECサイトの構築・運用・改善などの店舗設計や、顧客向けの直接接点はEC-PFが保有し、カスタマーサポートやCRMなどの販促活動もEC-PFを通じてなされる。顧客に商品を届けるためのフルフィルメント・物流は出店式のプラットフォームの場合は出店者、商品仕入れ販売式のプラットフォームの場合はEC-PFが担う。

D2C の役割というのは、いわばメーカーのダイレクトチャネルです。

　ここで着目すべきは、従来よりもメーカーが直販チャネルを自社で保有していること自体は決して珍しくはなく、中間流通や小売を挟まない直接商流を構築しているケースは過去からあったということです。つまり、D2Cというワードがトレンドになった結果、メーカーがダイレクトチャネルの構築を開始したのではなく、D2Cチャネル自体は従来から保有していたということです。

　それでは、何が従来のダイレクトチャネルとD2Cでは異なり、それらの定義を分けているのでしょうか。

D2C の定義〜3つのデジタル化

　従来からダイレクトチャネル自体は保有していたにもかかわらず、ではなぜ D2C というキーワードを新しい概念のように定義し、D2C 化を目指しはじめているのでしょうか。

　過去から存在していたダイレクトチャネルと、現在の D2C を成立させている前提条件には決定的な違いがあります。それは、「3 つのデジタル化の進行」です（図1-2）。

　D2C では、メーカー業にまつわる全てがデジタル化されている前提でビジネスを捉えていきます。**特に大きい3つの要素として、ほぼ全ての国民がモバイルデバイスを保有し、常時 WEB に触れながら生活している「顧客のデジタル化」、その WEB ユーザー基盤に対して直接アプローチを**

1-2:3つのデジタル化によるD2C化の進行

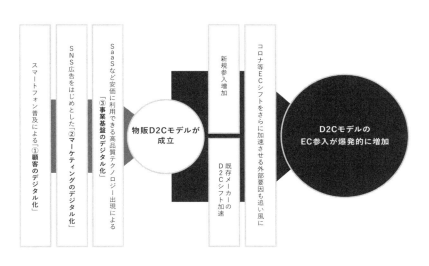

できる「マーケティングのデジタル化」、EC の店舗インフラを担う「事業基盤のデジタル化」です。この 3 つのデジタル化が、D2C を成立させ、現在の爆発的普及につながっているのです。

　これら事業環境の 3 つのデジタル化によって、事業者はテクノロジー品質の高い EC の仕組みを独自開発よりも安価に揃えることができます。
　また、ダイレクトチャネルをコスト効率よく立ち上げ、様々な接点を活用して顧客に直接アプローチするマーケティング力の強化や、顧客データを自社で保有し活用することで、継続的な顧客との関係性づくりもできるようになりました。
　これらが可能になったことで、**従来であれば顧客基盤や顧客情報を保有している小売事業者や、EC-PF に依存して販路を構築しなければ自社商品の売上を作れなかったメーカーは、独自に顧客資産の形成が可能になりました。**

　つまり、D2C とは「D2C チャネルを主販路として構築し、デジタルマーケティングや事業活動を通して得られた顧客データを活用することで、さらなる顧客への直接アプローチや提供価値を強め、継続的なビジネスインパクトを得られるようになったこと」と言えます。**D2C は、現代で最も効率よくメーカービジネスを成立させるためのマーケティング手段であり、チャネルだと言えるのです。**

D2C が可能にしたこと

　このような **D2C 化の進行により、メーカーは「独自の顧客資産の形成」が可能になりました。**その結果、従来では依存せざるを得なかったメイン販路に向けた商品仕様の最適化という呪縛から開放されることになります。
　これが D2C における最も重要なポイントです。
　かつてのメーカーは、メイン販路を最も意識した商品企画が必須でし

た。なぜなら、化粧品であればドラッグストア、食品であればスーパー、家電であれば家電量販店といったように、顧客に商品を届けるには、まず中間流通業者に買ってもらうことが商流上の必須条件だからです。ある意味、メーカーにとって一番目を向けるべき顧客は流通業者のバイヤーだったわけです。

　この前提に立つと、必然的にメーカーのモノづくりは、メイン販路のニーズや顧客に向けて最適化する必要があり、自由度の高い商品企画やプライシングは難しくなってしまいます。

　一方 D2C では、前ページで述べた通り、自社で独自に顧客の資産化が可能になります。これにより、商流上の直接的な買い手である一般消費者に向けたモノづくりができるようになります。また、直接ニーズを拾い上げることで、「独自性の高い商品づくり」や「ニッチ市場の成立」を狙うことが可能になりました（図1-3）。

　成功する D2C ブランドは、骨太なブランドストーリーや商品へのこだわりが強みになると言われる理由もここにあります。自社が直接アプローチする顧客にのみ向けた価値提供を最重要視し、ブランディング、マーケティング、商品企画を推進する。それが自社ならではの強みとして成立し、顧客に受け入れられていくのです。

　逆を言うと、成功する D2C ブランドは「良いブランドストーリーを持ち、商品にこだわっている」ということのみで成功しているわけではないということです。

　販路の事情に依存せず、コアターゲットに向けて最良の商品やブランドの提供価値を最大化し、直接コアターゲットにアプローチする。そういった D2C 最適な戦略が実現されていることで、自社の顧客資産を形成できているから成功しているのです。

　また、そういった独自性を持った商品開発ができているからこそ、新たな顧客開拓につながり、顧客基盤は強化され、スモールサイズでも特定ターゲット内では高いシェアを持つニッチ市場を成立させられるのです。

1-3:従来のECとD2Cの違い

		従来EC	新世代EC
顧客	EC利用者	マスユーザー	ファン、ニッチ
	タッチポイント	検索エンジン、大型ECプラットフォーム	SNS、オウンドメディア、インフルエンサー
	EC購入モチベーション	利便性、経済性（品揃え、便利さ、安さ、速さ）	ユニークさ、限定性、共感性、専門性
	商品	コモディティ品、カタログ品	ニッチ商品、オンリーワン、領域特化型
	ECの位置付け	補完的	メインチャネル、スタートアップチャネル
事業者	顧客データの所有者	プラットフォーマー	自社
	顧客接点	間接的	直接的
	販売バリューチェン	完全委託	自社で管理
	EC構築	フルスクラッチ、パッケージ、大型ECプラットフォーム内	SaaS

D2Cモデル増加

マスチャネルと D2C の違い

　続いて、リテールや Amazon・楽天といったマスチャネルと D2C チャネルの違いについて見ていきます。各チャネルの特性は主に次の 4 つの観点で分けられます（図1-4）。

①顧客マインド

　訪問顧客の特性として、訪問時にどのような心理状態にあるかを指します。「お買い物をするための場」である小売店、Amazon や楽天といった EC-PF では、当然ですが何かを買うために顧客が訪問します。
　一方で D2C チャネルの場合、デジタルマーケティングを中心にお買い物の場を訪問しているわけではない顧客に対し、様々な媒体から集客するところから始まります。そのため、まだお買い物意欲がない顧客との接点が起点になります。つまり、**D2C では顧客の購入欲求や購入必要性を高**

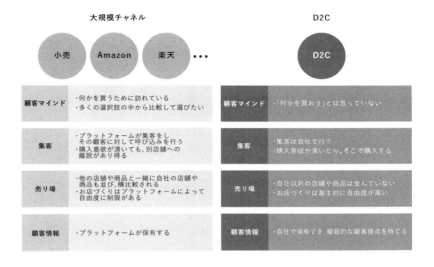

めるコミュニケーションが欠かせないということです。

②集客／顧客基盤

　マスチャネルでは各チャネルを保有する事業者が築き上げた顧客基盤を保有しています。マスチャネルを販路とする場合、メーカーはその顧客基盤を利用させてもらい、その対価として各種コストやマージンを支払う商流となっています。

　その顧客基盤からの集客は、自社の資産になるわけではない点があります。いわばフロー型の顧客基盤です。

　一方でD2Cチャネルの場合、集客や顧客基盤の構築は全て自社で行われるため、一度築いた顧客基盤は自社での保有が可能になります。したがって、集客や顧客基盤構築のコストは資産を築くための投資的コストと言え、資産化した顧客基盤を得られることから「ストック型の顧客基盤」になります。

③売り場

　マスチャネルは基本的に様々なジャンル、かつ複数の事業者が活用する販路のため、売場は他社商品と横並びで競合した状態になります。顧客は並んでいる商品を比較して眺めながら、予算の範囲で「どれを購入するかを選ぶ」という購買行動になります。

　また、各チャネルのポリシーや仕組みなどに応じてメーカーが売り場を作る上で様々な制約が存在することがほとんどです。

　D2Cチャネルでは基本的に売り場は自社商品のみが並びます。このような売り場においては、顧客は「どれを買うか」という比較購入ではなく「今ここでこれを買うべきか、そうではないか」という絶対判断をしてお買い物をします。

　また、店舗設計（サイト設計）、売り場設計、販売導線などにおいては、利用しているシステムインフラによる仕組み上の制約以外に縛りはありません。**この店舗設計やマーケティング手段の自由度の高さもD2Cチャネルの特徴**です。

④顧客接点／顧客情報

　マスチャネルを活用した販売においては、直接的な顧客接点や顧客情報はチャネル側の資産です。

　D2Cでは顧客接点や顧客情報を自社で保有し活用できます。これはマスチャネルでは得られなかったD2Cチャネルのユニークな強みです。

　各チャネルの特性から、マスチャネルでは「購入マインドをすでに持っている顧客が、購入候補カテゴリ内での横比較で検討し購入を決定する」というチャネル訪問顧客の特性があります。そのため、「誰もが共通して持っている比較軸（価格が安い、同価格帯の中で特定のスペックが高いなど）の中で秀でている」商品との相性が良いと言えます。

　一方D2Cチャネルでは、「訪問時に購入マインドを持っているわけではない顧客との接点から始まる」という特性があります。つまり、D2Cでは「比較検討顧客をターゲットに分かりやすい比較軸で選ばれる」より

も、ターゲット顧客の特性に合わせて商品購入の必要性を伝え、なぜ自社の商品を買うべきかの説得を追求する必要があります。

このように、**D2C ではマスチャネルでの買い物と異なり、横比較ではなく顧客の「ニーズ喚起と説得」に比重を置くため、総合的な魅力や購買意欲を上げる仕掛けにより購入させられる状態であれば、販売を依存しているチャネルに価格や商品特性を合わせる必要はなく、商品設計やマーケティング手段や店舗設計の自由度が高いというのも特徴です。**
一度購入に至った顧客は自社で直接接点やデータを保有できるため、マスチャネルでは得られない継続購入を促すための顧客アプローチの自由度も得られます。これらチャネル特性の違いは、**マスチャネルではニッチが成立しづらく、D2C ではニッチかつスモールビジネスが成立させやすい**という点にも大いに影響しています。

D2C 化が求められる理由

ここまで D2C について多角的に述べてきましたが、そもそも様々なメーカーが D2C 化を志向しているのはなぜでしょうか。それには「メーカーの事業戦略における、他社チャネルへの依存から脱却したい」というニーズが背景にあります。

伝統的なチャネル（小売や EC-PF）では、各チャネルが投資をして構築してきた顧客資産を「分けてもらう」ことでメーカーは売上を立て、この対価としてマージンや販促費などが発生します。さらに、この顧客資産はチャネル側が自身の事業資産として保有しているため、メーカー側は顧客接点や詳細データの保有はできません。

この状態や商流自体が悪いわけではなく、従来は前述した3つの変化が起きていない状況であったため、「作る人」「仲介する人」「売る人」と役割分担をして注力することが、全社の売上利益を安定成長させるために効率が良かったのです。

また、現在でも全消費における EC 化率は 10％付近であり、D2C から開始した事業にとっても、フェーズ変化に合わせて伝統的なチャネルの重要性は依然として高いままです。

　そういった経緯や状況がありながら、現在のメーカーに D2C 化が求められている理由は、**「顧客の資産化」**へのニーズです。
　自社で D2C チャネルの仕組みづくりと、顧客獲得のための投資は必要になりますが、資産化された顧客はデータとともにメーカーが直接保有でき、他社チャネルでの販売時に必要なマージンも不要になります。
　これは単純に、中間流通が排除できることで販売粗利が上げられる、というメリットだけでなく、メーカーでの活動をストック型で考えられる点が最も強いメリットになります。
　このように、顧客データを保有できず事業戦略において小売店や EC プラットフォーム依存になりきった状態への危機意識が、D2C 化の進行ス

1-5:D2C化の意義

	従来(リテール全盛期)	EC化	D2C化
顧客獲得/集客	・商業施設、量販店から「顧客資産を分けてもらう」	・ECプラットフォームから「顧客資産を分けてもらう」	・自社サイトで「顧客資産を形成する」
集客コスト	・卸マージン＋小売マージン＝メーカーのコスト	・販売手数料、PF利用料	・デジタルマーケティング費・自社IT費用
顧客の消費基準	・機能ランク帯別の横比較の値段・流行り	・機能ランク帯別の横比較の値段・流行り・商品レビュー	・ブランド(絶対価値)・課題解決・心理欲求
コストの考え方	・永続的なマージン(営業利益の低水準化)	・永続的なマージン(営業利益の低水準化)	・顧客資産化のための投資・提供価値向上のための投資
顧客/データ	・リテールが保有　or・リテールすら保有していない	・ECプラットフォームが保有	・自社で保有し自由に活用

ピードを上げていると考えられます。今後のメーカーの事業戦略において、「顧客の資産化」はすでに戦略上の与件になりつつあるのです。

D2C のビジネスルール

　D2C の最も大きな意義は「顧客の資産化」にあると捉えると、売上発生の都度で販管費率を考え粗利を上げていく従来型のメーカー業とは、事業の成否判断の軸となるビジネスルールが変わります。

　具体的に D2C のビジネスルールは、次のように整理ができます。

「粗利 LTV（1 人の顧客から得られる生涯粗利）− CPA（1 人の顧客を新規獲得するのにかかるマーケティング／セールスコスト）＞ 0」

　これが成り立っている状態こそが、「顧客の資産化」ができていることの証明であり、この状態で新規顧客数を積み上げていくことが必要です。この考え方に則ることで、顧客獲得に必要なマーケティング投資額の考え方も、LTV を上げていくべき重要度も変わっていきます。

　つまり、D2C を主軸にした全てのビジネスは、「いかにこの商品をたくさん売るか」「このチャネルや店舗での販売量を増やすか」ではなく、「いかに顧客の体験価値を高め、その対価として 1 人の顧客に何度も消費をしていただけるか」という考え方でビジネスを展開していくことになります。

　1 万人に 1 万円の商品を 1 回ずつ買っていただき、1 億円の売上を立てるのではなく、1,000 人に生涯で 10 万円分消費していただき、1 億円の売上を作ることを考えるということです。

　したがって、**成功している D2C 事業者は、まず顧客を最小のコストで獲得する仕組みを構築し、その上でマーケティング投資をかけて、獲得後顧客の LTV を最大化する**という一連の流れを行動原理として全ての事業活動を進めています（図 1−6）。

D2C のビジネスルール	粗利 LTV（1人の顧客から得られる生涯粗利）- CPA（1人の顧客を新規獲得するのにかかるマーケティング／セールスコスト）> 0

1
再現性ある顧客獲得
来訪者数 × CVR の最大化を突き詰める

2
LTV
顧客あたり購入回数 × 購入単価の最大化で、獲得した顧客あたり売上を向上させる

3
運用効率／コスト削減
PDCAや EC 運用効率の最大化と事業コスト抑止で、事業インパクトとリソース・コスト効率を両立

D2C 化がもたらすメーカービジネスの変化

D2C 事業の成否は、「LTV − CPA」で決まります。これは、売上利益の考え方を従来のように商品あたり、店舗あたりではなく、「顧客あたり」で捉えられるようになるということです。この考え方の転換は、メーカービジネスに次のような事業戦略上の変化をもたらします。

① D2C を主軸にしたマルチチャネル化

D2C を主軸にビジネス展開をすることで顧客の資産化が可能になる。どの購買チャネルで購入されても、全ての売上データを統合することで、顧客に紐づく全てのデータ可視化が可能になり、その上で最適な投資判断ができる。

②物販を活用した既存ビジネスの拡張

これまでメーカー事業をしていなかったプレイヤーも、資産化可能な顧客基盤を既存事業で構築できている、もしくは構築するための能力や仕組みを備えていれば、自社がすでに保有している既存ビジネスの拡張手段として容易にメーカービジネスに参入できる。

③物販に閉じない売上成長手段の獲得

逆に既存メーカーにとっては、顧客の LTV を上げ売上成長していくための手段を物販だけでなく考えることができる。

　特に②について、D2C 化の進行により物販ビジネスへの参入障壁が下がったことも手伝い、ビジネス拡張手段として物販がより身近になっています。実際に様々なプレイヤーが既存ビジネスの成長可能性を求め、D2C チャネルを足がかりに物販ビジネスへの参入が増加しています。

　また、SaaS 型のテクノロジーやデジタルマーケティングの登場により、従来より圧倒的に費用を抑えて事業開始できるようになり、この参入障壁の低下を加速させています。

D2C をはじめる新興プレイヤー

　かつてはメーカーや小売事業者のみが EC に参入していましたが、D2C の成立によって今やどんなプレイヤーでもリスク低くメーカー事業に参入できる時代になっています。代表的な例としては以下が挙げられます。

インフルエンサー（P2C）：D2C 事業で資産化可能な顧客基盤を保有

メディア／コミュニティ：D2C 事業で資産化可能な顧客基盤を保有

広告代理店：自社のマーケティングケイパビリティを活用し、新規顧客獲得面で強みを保有

OEM ／商社／卸会社：自社の商品開発力、製造力、調達力が D2C 事業で活きる

スタートアップ：最新の仕組み、独自の視点、意思決定や実行の早さを活かし、D2C 事業で起業

サービス事業者（美容サロン、飲食店など）：既存事業の顧客基盤を活用し、マルチサービスで LTV を向上させていくための手段として D2C 物販へ参入

クリエイティブエージェンシー、タレントエージェンシー：自社のクリエイティブ力、ブランディング力、タレント基盤を活用し、D2C 物販

へ参入

　これらの新興プレイヤーに共通しているのは、D2C 事業を成立させる
にあたっての強みや視点をすでに保有し、顧客を獲得して消費していただ
ける関係になれる点です。それさえできれば、従来型のメーカー業のよう
な重厚長大な商流や仕組みを保有していなくても、固有の強みを持った
D2C 事業を成立させることが可能です。

　つまり、D2C 化が「すでに保有しているビジネス上の強みを活用した
効率の良いビジネス拡張手段」として魅力的であり、これが近年の D2C
流行の背景にもあるということを示しています。

4 象限で捉える D2C ビジネス

　D2C ビジネスは顧客の資産化度合いを高めることで強くなります。こ
れはつまり D2C チャネルで獲得する顧客を継続的に増やし、LTV を高め
るために心血を注ぐことで、従来型のメーカービジネスとは異なる成長曲
線を描くことが可能であることを意味します。

　この重要論点を踏まえると、**D2C ビジネスは①販売チャネル（オンラ
イン or オフライン）、②販売商品（有形物 or 無形物）という 4 象限の
マトリクスで捉えることで、広い成長ポテンシャルを考えていくことが可
能**です（図 1-7）。

　このように、D2C では顧客データや直接接点を自社で保有しているが
故に従来発生していた制約から開放され、自由度の高いビジネス拡張を考
えていくことができます。

　つまり、**D2C の本質は、ダイレクトチャネルを主軸として様々な商売
や商流の統合を進めていくことでデータと共に顧客を資産化し、最も事業
コントロール性高くビジネス展開が可能になること（統合型コマースの実
現）にある**と言えるでしょう。D2C ではクロスチャネル・クロスサービ
スでビジネス拡張を考えることが可能なのです。

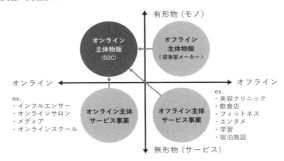

例えば、

・オンライン主体で化粧品を販売しているメーカーが、ロイヤリティの高い顧客に向けてリアルで美容クリニックを開始する

・逆に美容クリニックが自社オリジナルブランドを既存店舗とECを活用して販売し、施術サービスの入り口商品や次回施術までの間をつなぐメンテナンス用商品として活用する

といったビジネス拡張が分かりやすい事例です。

そして、その全ての事業活動に伴うデータを統合し活用することが、また新しいビジネス展開への成功確度を高めることにつながります。

ある顧客にとっては、オフラインでのA商品が入り口となり、またある顧客にとってはオンラインでのBサービスが入り口となる。こうして入り口の異なるそれぞれの顧客が、相互に様々な販売物の見込み顧客となり、それぞれが入り交じって消費が積み重なっていくことで、顧客数とLTVが最大化されていくのです。

この4象限でD2Cビジネスを考えると、**D2Cは単に「物販事業をECでダイレクトチャネル化する（直販化）」ものではなく、「デジタル化された仕組みを活用して、顧客を資産化する基盤を構築し、マルチチャネル**

＆マルチサービスでの様々な商売を統合して展開可能にする統合型コマースの実現手段」と捉えられるのです。

第一次 D2C ブームと YouTuber ブーム

　D2C は近年（2023 年付近）になって流行し始めたビジネスではなく、2015 年ごろから日本国内でも一部事業者の中で流行していました。当時は D2C チャネルのみで年商 10 億円以上を稼ぐ事業者も珍しい存在ではなく、中には 100 億円の年商に到達する事業者も存在していました。この頃が日本国内での第一次 D2C ブームです。

　D2C 化成立の背景は前述の通りですが、当時の D2C は参入障壁が低く、マーケティングハック力の高い先行参入者が得られる利益が非常に大きい市場環境でした。

　一方、当時は関連する法規制（主に特商法、景表法、薬機法）が現在ほど整備されてはいませんでした。そのため、各事業者は自社利益最大化を重視し、顧客の利益は重視されない商品や販売手法が多く存在しました。これもあって第一次 D2C ブーム時点では、新規顧客を獲得さえすれば確実に利益が出る状態が作りやすく、各事業者は顧客への価値提供ではなくマーケティング予算の張り合いにより新規顧客獲得数で競い合っていました。

　この状況においては、多くの事業者にとっては顧客への持続的な価値提供を重視した運営の方が損なことであり、顧客の商品購入が苦い経験で終わってしまうことも少なくはなかったでしょう。

　現在では EC 販売における各種法規制の強化が進行し簡単に利益を出せる販売手法が許容されない状況になり、さらには新規参入者の増加によってデジタルマーケティングコストが高位平準化することとなりました。

　これからの D2C ビジネスでは、自社の強みの全てを活用し、顧客に対する本質的な提供価値を向上させて持続的な関係性を築き、顧客を資産化していく戦いが求められています。

　この D2C ビジネスの変遷は、YouTuber 市場の変遷と類似性が認めら

れます。YouTube の黎明期では、コンテンツ提供者（YouTuber）よりも視聴者の方が圧倒的に多く、媒体ポリシーなどの規制も強くはなく、YouTuber 市場先行者はコンテンツ品質よりも刺激と量を重視したコンテンツ提供で成功者になることが可能でした。迷惑系 YouTuber がその象徴的な例でしょう。

現在では、媒体ポリシーが強化され、視聴者側の監視の目も強くなり、また YouTuber が爆発的に増加した結果、YouTuber 1 人あたりの報酬期待値は下がった状態になっています。そのため、特定の顧客に深く刺さる良質なコンテンツを提供し、視聴者と持続的な関係性を築けているプレイヤーのみが生き残っています。また、YouTube 参入以前の活動で持っていた強み（根強いファン、特定領域の深い知見やスキル、語り力、企画構成・演出力など）をうまく活かしている YouTuber は後発でも成功しています。

環境が変化した今の時点で生き残れているプレイヤーは長期的に利益を得ていく可能性が高いとも言えるでしょう。参入が容易で爆発的に儲けられるフェーズを経験した市場の多くはこの変遷を辿ります。

1-8:ECの変遷

EC＝モール時代。D2Cは公式サイトとしてただ置いてあるのみ

▶ 集客から販売までECの全てをモールに依存せざるを得ず、メーカーにとって顧客との直接接点も自由に活用可能なデータもなかった

新規獲得至上主義D2Cの時代

▶ スマホの普及とSNS広告の登場により誰でも自社EC集客が低CPAで可能になった

▶ 先行通販プレイヤーはD2Cチャネルで新規獲得量で競っていた

総合格闘技D2Cの時代

▶ D2C参入の増加により、広告費が高騰。安価な顧客獲得が困難になった

▶ 新規獲得だけではなく、総合的な活動を通して顧客を資産化できているかどうかが長期的な事業運営に不可欠な時代に

ECモール全盛期

D2C勃興期

今後

YouTuber 市場同様、かつては先行者によるハックがしやすかった D2C ビジネスは、現在では確実に黎明期よりも難易度が向上しています。しかし、この状況で不利になってしまった事業者も存在する一方で、私たちはこの状況こそが絶好のチャンスになっていると言える事業者も同じように存在すると考えています。

　このような環境下では、顧客にとって価値の高い商品や体験の提供、本質的なマーケティング活動、顧客資産化のためのアクションやデータ活用によって、いかに長期的に顧客と関係性を築き LTV が高い事業体質を構築できるかが競争の中で鍵を握っています。

　顧客をおざなりにした施策を打ち続けることによって得ていたビジネス成果が得られなくなった代わりに、現在の D2C ビジネスは正しく本質的な価値提供を続けていく事業者にとってチャンスが大きい環境に変化しているのです。

　そのような事業者にとって、市場成熟期のこれからこそが D2C による逆襲のタイミングなのです。

第 **2** 章

D2C THE MODEL

D2C ビジネスに再現性をもたらす
体系的メソッド

第1章では、従来から存在したダイレクトチャネルとデジタル化後の D2C の違いについて、そのエッセンスから解説してきました。また、その結果可能になったことを踏まえ、なぜ様々な企業が D2C 化を推進しているのか、その本質を紐解いていきました。

　3つのデジタル化（顧客のデジタル化、マーケティングのデジタル化、事業基盤のデジタル化）を背景にした D2C 化の結果、顧客データと、顧客との直接接点が獲得可能になり、顧客を資産化できる環境が成立しました。
　　①D2C を主軸にしたマルチチャネル化
　　②物販を活用したビジネス拡張
　　③物販に閉じない売上成長手段の獲得
　この3つが、新たにメーカービジネス戦略にもたらされているのです。

　続く第2章では、この書籍のタイトルでもある「D2C THE MODEL」について説明していきます。**「D2C THE MODEL」は、私たちが様々なジャンル、様々なビジネスモデルの D2C 事業を立ち上げ、グロースさせる中で得た、D2C の失敗率を最小化する体系的なフレームワークです。**

　私たちは、ビジネスには「再現性」と「持続可能性」が非常に重要だと考えています。また、すでに構築済みのビジネスの運用・改善と、新たなビジネスを立ち上げ・グロースしていくのでは、全く別の難しさが存在します。
　「D2C THE MODEL」は、D2C で成功するために確立された集合知がまだ世の中に少ない中、D2C チャネルを中心に初期グロースを実現し、最も効率化されたメーカービジネスモデルとして巨大にしていくためのフレームワークと道筋を示すことを目指して体系化したノウハウです。ここからご紹介するフレームワークが、新規事業の成功や、既存事業から D2C を主軸としたビジネスへと変革し、ビジネスに再現性と持続可能性をもたらす一助となれば幸いです。

D2C THE MODEL とは

　D2C THE MODEL とは、D2C を主軸にした顧客の資産化環境を武器に、メーカービジネスを最も効率的な体制で伸ばしていくためのビジネスフレームワークです。

　D2C 化によってメーカービジネス戦略の前提となる環境変化はすでに起きていますが、そのような状況の中で D2C ビジネスおよびメーカービジネス戦略とその事業与件として、次の全体像を理解することが必要になります（図 2–1）。

2-1:D2C THE MODELの全体像

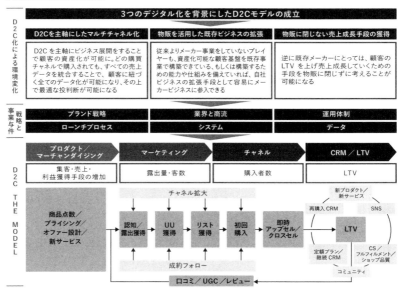

ブランド戦略：D2C を主軸にしたブランドの事業戦略全体に関する考え方や基本知識（第4章で解説）

業界と商流：D2C ビジネスやメーカービジネスを取り巻く業界プレイヤーや、関連商流に関する基本知識（第 3 章で解説）

運用体制：D2C ビジネス運営における役割一覧、運用体制の全体像とフェーズ別のあるべき運用体制、外注と内製化を分ける視点についての基本知識（第 3 章で解説）

ローンチプロセス：D2C を主軸にビジネスをローンチしていくための全体マイルストーン、各プロセスでの重要視点に関する基本知識、数字計画の作成方法（第 5 章で解説）

システム：D2C ビジネスの事業基盤におけるシステムの重要性、最新のシステム選定および構築における考え方や選択肢（第 9 章で解説）

データ：D2C ビジネスにおけるデータの重要性や、管理・活用するための環境のあるべき状態（第 9 章で解説）

　D2C ビジネスは「プロダクト／マーチャンダイジング」×「マーケティング／チャネル」×「CRM ／ LTV」の総合力でその成否が決まります。

　D2C ビジネスの知見獲得に際して、プロダクトやマーケティング領域についてはメディアでも注目を集めやすい情報カテゴリのため表に出てくる情報としても量が多いでしょう。

　しかし、D2C ビジネスは「商売における総合的な活動」そのものです。したがってプロダクトやマーケティングに関する情報以前に、戦略、業界と商流、システムやデータなど、本書で D2C THE MODEL の与件としている商売を成り立たせている事項の基本理解も非常に重要です。これらの理解が浅い状態で事業を進めてしまうと必ずどこかに落とし穴が生まれるため、これらの事業与件の理解をセットで進めましょう。

これらの理解を深めるための解説をまず進め、フレームワークである D2C THE MODEL を活用して再現性ある D2C ビジネスの成長を実現するための各プロセスにおいても本書で全て解説をしていきます。

プロダクト／マーチャンダイジング：D2C ビジネスにおける戦略の幅を担うプロセス。具体的には、プロダクトの拡大やマーチャンダイジングを集客・売上・利益の獲得のための手段として捉えて設計・増加させ、集客・売上・利益を戦略的にコントロール可能な状態を構築していきます（第 6 章で解説）

マーケティング：対顧客への露出量とそこからの集客を最大化し、見込み顧客数を増加させていくプロセス。離脱の抑止や一度顧客が離脱した後のフォローアクションも含めた全体設計によって、見込み顧客を最大化します（第 7 章で解説）

チャネル：D2C チャネルを始めとして、購買チャネルに訪れた顧客の購入率を高め、新規購入者数を最大化します。また、可能な限り購入に近いタイミングで即時にアップセルやクロスセルを仕掛けることで高 LTV 顧客獲得の最大化も意識した活動をします（第 7 章で解説）

CRM ／ LTV：顧客の資産化度合いを示す LTV を向上させ、顧客獲得への投資に対するリターンを最大化できる状態を構築します。統合された顧客データや直接接点を全方位的に活用することで、モノに閉じずサービスや無形商材なども活用しながら LTV 最大化を狙います（第 8 章で解説）

本書で解説するフレームワークに沿った事業活動は、手軽に実行できるものではありませんが、成功する D2C ビジネスの多くに共通している戦略のエッセンスを詰め込んだ内容になっています。この内容に沿った事業構築を推進することで、少なくとも D2C ビジネスの失敗率を下げられる

ことは間違いありません。

　また、特に重要なポイントを絞り込んでいるため、部分的な実践でもインパクトのある事業改善に活かしていくことができます。

　ECを活用した事業展開は、経験値のある事業者にとっては当たり前になっている普遍的なノウハウや考え方を集合知として素早く取り込み、最新環境での手法や知識、自社ならではの強みを組み合わせた実践に対して割けるリソースとコストの比率を上げられるかが勝敗を分けます。

　D2C THE MODEL は、まさに EC や D2C 事業での成功と失敗の歴史から抽出した集合知です。これを活用することで、各事業が保有するノウハウや経験、知見の差に影響されず、良いモノやサービスを通じて良質な顧客体験を徹底して追求するビジネスが生き残ることを願ってやみません。

D2C THE MODEL フレームワークの
重要視点と KPI

　D2C THE MODEL の各プロセスにおいては、実践における重要な視点と、最終的な成果をもたらす KPI のつながりがあります。**特に BtoC 事業は、様々な活動において「成果につながるかどうかは不明だが、最近流行っているみたいだから実行してみる」といった施策の実行判断が発生しがちです。**

　各プロセスにおける重要視点、KPI 間のつながり、施策類型を全体として理解した上で「今実行しようとしている施策は、どの KPI に寄与する施策なのか」「その KPI が変動したとして、その前後でつながる KPI は何か」「そのつながった KPI を担うプロセスでの準備は、最終成果を上げるために万全と言えるか」など、事業フェーズに応じた施策の優先度を判断したり、ある施策を実行する際に近いプロセスで連動して準備したりするのをクリアな状態にしておくことが必要です。

2-2：D2C THE MODELにおけるKPIの繋がりと関連施策種別

①プロダクト／マーチャンダイジング

　プロダクト／マーチャンダイジングでは、「いかに ROI が合う状態で事業成長のための手段を増やすか」を念頭に、その他各プロセスにおける手段の増加を目指します。

　露出量の獲得手段、UU ／ CTR 向上による客数の増加手段、購入者獲得／ CVR 向上手段、LTV 向上手段など、他のプロセスで施策実行するにあたっての手段を最大化するのがこのプロセスです。

　当然、手段をただ増やすのが正解というわけではなく、手段の増加にはその原資となるコストが必要です。そういった、手段の増加とそこで得られる効果が見合うかどうかも見極めながら活動していくことが大切なことです。

②マーケティング

　マーケティングでは、デジタルマーケティングを主軸にして露出量、来

訪者数を最大化させることを目的に活動します。マーケティング施策はプッシュ型とプル型に大別され、プッシュ型施策によって露出量や集客を拡大しながら、プル型施策を組み合わせてプッシュ型施策で取り込みきれなかった顧客のこぼれを最小化します。

　プッシュ型施策とは、例えば SNS 媒体でのバナー広告による露出増加、インフルエンサーを活用したバイラル露出増加、PR やイベント施策によるメディア露出獲得など、能動的に量を上げていく施策が挙げられます。

　また、プル型施策は検索広告や SEO、リターゲティング広告、一度 LINE 会員化させてからのリードナーチャリングなど、即時集客できなかった顧客を間接的な顧客ジャーニーを通してボトムアップしていく受動的な施策群です。特に現在は SNS 広告を始めとしたデジタルマーケティングの露出単価が過去より上昇しているため、様々な施策を組み合わせて集客総数を向上させる必要があります。

③チャネル

　チャネルでは、①で得た手段を活用し、②と一体になってチャネルへの来訪者をいかに購入に至らせるかを追求します。来訪者の購入転換率（CVR）が1％変化すると、マーケティングパフォーマンスが劇的に変化するため、マーケティングアクションと常に連動した活動が求められます。

　従来は、D2C チャネル単独でのパフォーマンス最大化を目指した各プロセスの最適化が重視されていました。しかし現在では、D2C チャネルを最も効率的な成長チャネルとして重視しながらも、事業フェーズに応じてオンライン・オフラインで複数のチャネル拡大を順次推進していくことで、事業規模が大きくなっても総合的なマーケティング ROI が成立する状態を追求し全体最適の事業投資を推進する必要があります。

　マーケティングとチャネルの両プロセスでは、CPA（新規顧客獲得単価）を抑止しながら新規顧客獲得数を成長させていくことを目指していきます。新規顧客獲得時点での即時アップセル／クロスセルによる即時ロイヤル化を担うのもこのプロセスになるため、獲得顧客の品質も重視した顧客獲得活動が重要です。

④ CRM ／ LTV

　CRM ／ LTV のプロセスでは、獲得した新規顧客に対して自社が保有する様々なデータや資産を活用して継続的な価値提供をし、LTV 最大化の追求により顧客の資産化度合いを高めていくことを目的に活動します。

　LTV とは、顧客 1 人あたりから得られる収益を指します。そのため、「LTV − CPA」で顧客を 1 人獲得すると利益が出る状態になっていれば、キャッシュフローの限り投資をしても売上利益がそのリターンとして得られる状態が成り立ちます。すなわち、**LTV が高くなればなるほど、競合よりも大きなマーケティング予算（CPA）で戦えることになるということです。** この観点でも、LTV を上昇させることがいかに事業の競争力につながるかが分かります。

　LTV を向上させるための手段としては、ロイヤリティ施策など再購入のための CRM、定期オファーによる購入回数の担保や定期契約維持のための CRM などの施策に加えて、フルフィルメントや CS 品質による顧客のサービス満足度向上など様々です。

　また、従来の D2C では「オンライン×物販」に閉じて LTV を高めることが目指されていましたが、第 1 章で解説したとおり、「マルチチャネル×マルチサービス」という手段にまで観点を広げることで、LTV を高める手段の自由度がより高まります。

　総合的な価値提供によって LTV を高めることができ、その結果としてのデータが集約・活用可能なことが D2C チャネルを中心としたビジネスの圧倒的な優位点と言えます。

　これらの全プロセスによって統括された事業活動を通じて、「LTV − CPA ＞ 0」を成り立たせ、再現性ある事業グロースを実現していくのが D2C THE MODEL なのです。

　図式化された各プロセスにおける全ての施策は必ず数字としてつながりを持っており、全てのデータを統合した上で数字として可視化し、各プロセスが連動した一貫性ある打ち手によって日々素早い PDCA を繰り返し

ていくことで、D2Cビジネスに再現性を持たせ効率よく成長させること
が可能です。

理想的な事業グロースプロセス

　様々なKPIを改善し成果を上げていくための施策は無数に存在します
が、事業フェーズに応じて注力ポイントを絞った事業進行によって効率よ
い成長を実現できるのがD2Cビジネスの利点でもあります。
　一般的なメーカー事業であれば、商品開発に加えて、リテール流通で配
荷率を上げるための複数の中間流通事業者への様々なエリアでの営業活
動、デジタルやリアルでのマーケティング／プロモーション活動など、売
上を作っていくための最低限の活動スコープが大きくなりがちで、アクシ
ョンの振り返りサイクルも長くなりがちです。
　一方D2Cでは、デジタルマーケティングを中心にリアルタイムで成果
を確認しながら短いスパンでの施策PDCAが可能です。
　**つまりD2Cビジネスでは、従来のメーカー活動と比較して成果を出し
ていくために最低限必要なコストとリソースの基準が低く、効率性も最低
投資額も圧倒的に低い**ということです。この利点を活用し、D2Cビジネ
スを最も効率よく成長させていくための一般的なグロースモデルは右の図
の通りです（図2−3）。

● 新規獲得のゴールデンルートの確立
　事業スタート初期のプロダクト／マーチャンダイジングを経て、主にデ
ジタルマーケティングによって様々な「**①集客手段／媒体×②訴求／クリ
エイティブ×③購入サイト／決済手段×④商品／オファー**」でPDCAを
回します（この組み合わせの1セットを顧客獲得ルートと呼びます）。
　そしてこのPDCAを初期のコストとリソースに合わせて繰り返し、①
〜④のかけ合わせのうち「このルートであればCPAが安定した状態で再
現性のある新規顧客獲得が可能である」という1セットを最低1つ成立さ
せます。この新規顧客獲得ルートを「ゴールデンルート」と呼びます。

1 新規顧客獲得の ゴールデンルート確立	2 新たなゴールデン ルートの開拓	3 商品リニューアル／ 新商品リリース／ CRM 強化	4 収益性の向上
重点 KPI ・新規顧客獲得数 ・CVR／CPA	**重点 KPI** ・新規顧客獲得数 ・CVR／CPA	**重点 KPI** ・新規顧客獲得数 ・CVR／CPA ・LTV（購入単価、購入回数）	**重点 KPI** ・新規顧客獲得数 ・CVR／CPA ・LTV（購入単価、購入回数） ・営業利益率
要達成事項 ・主にデジタルマーケティングによって様々な「①集客手段×②訴求／クリエイティブ×③購入サイト／決済手段×④商品／オファー」でPDCAを回し続け、「このルートであれば許容CPA内で新規顧客獲得に再現性をもたせられる」状態を確立する	**要達成事項** ・1で確立したルート以外の新規顧客獲得ルートを新たに開拓し続ける ・そうして、全体CPAを崩さず、新規顧客獲得合計を増加させる	**要達成事項** ・ヒーロー商品にリニューアルをかけたり、新商品や新サービスを継続的に投下し、CRMも強化することで、1,2で構築した顧客基盤に対して再購入機会を増やしLTVを増加させる	**要達成事項** ・1〜3までで成長させた事業規模を活用しサプライチェーンコストを見直したり、オペレーションの自動化や省力化に取り組み収益性を向上させる ・さらなる顧客価値創出やサービス品質向上に継続投資をする
主活動 ・集客運用／クリエイティブ検証（CTR改善） ・LPO／EFO（CVR改善） ・オファーPDCA ・必須施策の網羅的導入 ・UGC等クリエイティブ収集 ・事業管理体制の確立	**主活動** ・1同様のPDCA範囲拡大 ・顧客獲得手段／媒体拡大 ・販売チャネル拡大 ・新オファー開発	**主活動** ・商品リニューアル ・新商品／新サービス開発 ・新オファー開発 ・販促企画強化 ・CRM強化	**主活動** ・各種コスト見直し／交渉 ・オペレーション自動化／省力化 ・顧客価値創出やサービス品質向上への継続投資

また、後に解説する新規顧客獲得時点から LTV を上げる導線や、初期 CRM に必要な顧客タッチポイント整備を事前にできる限り仕込んでおくことで、この後の改善効率が上がります。

● 新たなゴールデンルートの開拓

　ゴールデンルートが1つ成立できたら、そのルートでの新規顧客獲得は継続しながら、新たな顧客獲得ルートを開拓していきます。

　こうして、複数のゴールデンルートを成立させていくことでマーケティング効率（CPA）は崩すことなく、新規顧客獲得の総量を増加させていくことが可能になります。一般的に顧客獲得量が増えれば増えるほどマーケティング効率は悪化していきますが、①〜④の各要素のいずれか、または複数を変化させることでマーケティング効率が悪化しづらい成長を追求することが可能です。

ここまでの**顧客獲得ルート構築の考え方はD2Cビジネスならではの考え方というわけではなく、従来のメーカーが売上を拡大するために実行してきたプロセスにも類似**しています。

　例えば、新ブランドでオーガニックヘアケア商材を広げるケースを想定してみます。この新ブランドを拡販するにあたり、まずこの商品を売れ筋にするリテール店舗に目処をつけ、その店舗のユーザー層で受け入れられやすいプライシングをします。同じように棚に並んでいる別商品と比較した際、独自性が際立つ訴求軸を基にクリエイティブ設計やプロモーション設計をし、注力店舗で上手く販売が回り始めたら、さらに拡販を狙って取扱店舗やエリアを広げて大規模に展開をするという流れです。

　デジタル中心でマーケティングを行うD2Cビジネスでは、この活動単位がよりマイクロになり、PDCAも高回転になっているというだけなのです。

● 商品リニューアル／新商品・サービス継続投下／CRM強化

　再現性ある新規顧客獲得ができるようになった後は、LTV水準を向上させ事業の収益力を上げることにも注力していきます。このフェーズ到達以降は、プロダクト／マーチャンダイジングによって新商品を継続的に投下し、LTVを上げるための手段を増加させていきます。

　新商品の継続的投下によって、顧客の再訪問や再購入、購入金額を増加させていくための手段が多様になっていきます。また、再訪問～再購入を促進していくには顧客との直接接点や顧客データを活用し、CRMアクションを繰り返していきます。CRMにおいては、コミュニケーションだけではなく、顧客を引き付けるためのコンテンツバリエーションの強化も非常に重要になります。

　従来のメーカーでの販売とD2Cで特に重要度が異なるのは、このプロセスです。従来であれば1人あたりの販売データが取得・集約できず顧客との直接接点も有していないため、LTV観点ではなく商品ベースや販売店舗ベースでの売上総量を追いかけていくことしかできませんでした。

しかし D2C ビジネスでは、顧客あたりの売上がデータで可視化でき、直接的な顧客接点も保有している事業前提を活用し、LTV を稼ぎやすいサービスモデル設計や CRM 活動を通していかに LTV を上げられるかが成否を分けます。

売上規模を拡大せずとも利益額を稼げる筋肉質な事業体質を実現できるかどうかは、LTV によって決まるのです。

● 収益性の向上

ここまでの活動が深まってくると、新規顧客と既存顧客で構成される全体売上の規模感が高まっていきます。この売上規模感を材料として、サプライチェーンコストの見直しや各委託先への交渉など、売上に対する変動コスト率を下げて粗利率を上げていくことにも取り組んでいきます。

粗利率の向上により、売上が上がっていく都度の利益回収効率が上がるため、顧客への価値提供やサービス品質向上への投資や、マーケティング投資がしやすく、さらなる売上成長を目指すことが可能になります。

また、事業規模が拡大してくると、売上成長に振り切っていたフェーズの非効率なオペレーションなども必ず生まれているため、自動化や省力化などオペレーション改善を通した生産性向上にも必ずメスを入れ、リソース効率改善も図りましょう。

ここまで解説してきた通り、D2C THE MODEL に則った事業プロセスを経ることで、失敗率の最小化を実現しながら、同時に事業の成長効率も追求できるようになります。

D2C を活用して成功する事業者は、過去の経験からフェーズに応じた注力ポイントや順序をノウハウとして保有し、それに則った実践によって1つの事業に対して大規模なリソースをかけることなく順当に一定規模以上の事業成長を実現できているのです。

D2C の KPI 設計

　D2C ビジネスの事業 KPI は D2C THE MODEL で図解した内容や EC における一般的な全体指標に加えて、「再現性のある新規顧客獲得」に関連する指標や、「LTV の最大化」、「EC 運営品質」に関連する指標をそれぞれ設定することで、適切に成長ドライバーを捉えた KPI マネジメントが可能です。以下に詳細な D2C ビジネスの KPI の設計例を記します。

2-4:D2CビジネスのKPI設計

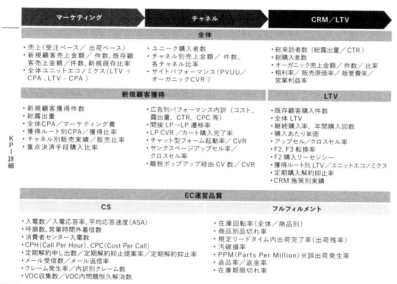

マーケティング　　　チャネル　　　CRM／LTV

全体

- 売上（受注ベース／出荷ベース）
- 新規顧客売上金額／件数、既存顧客売上金額／件数、新規既存比率
- 全体ユニットエコノミクス（LTV ÷ CPA 、LTV - CPA ）

- ユニーク購入者数
- チャネル別売上金額／件数、各チャネル比率
- サイトパフォーマンス（PVUU／オーガニックCVR）

- 総来訪者数（総露出量／CTR）
- 総購入者数
- オーガニック売上金額／件数／比率
- 粗利率／販売原価率／販管費率／営業利益率

新規顧客獲得

KPI詳細

- 新規顧客獲得件数
- 総露出量
- 全体CPA／マーケティング費
- 獲得ルート別CPA／獲得比率
- チャネル別販売実績／販売比率
- 重点決済手段購入比率

- 広告別パフォーマンス内訳（コスト、露出量、CTR、CPC 等）
- 間接LP→LP 遷移率
- LP CVR／カート購入完了率
- チャット型フォーム起動率／CVR
- サンクスページアップセル率／クロスセル率
- 離脱ポップアップ経由CV 数／CVR

LTV

- 既存顧客購入件数
- 全体LTV
- 継続購入率、年間購入回数
- 購入あたり単価
- アップセル／クロスセル率
- F2, F3 転換率
- F2 購入リーセンシー
- 獲得ルート別LTV／ユニットエコノミクス
- 定期購入解約抑止率
- CRM 施策別実績

EC運営品質

CS

- 入電数／入電応答率、平均応答速度（ASA）
- 呼損数、営業時間外着信数
- 消費者センター入電数
- CPH（Call Per Hour）、CPC（Cost Per Call）
- 定期解約申し出数／定期解約抑止提案率／定期解約抑止率
- メール受信数／メール返信率
- クレーム発生率／内訳別クレーム数
- VOC収集数／VOC内問題恒久解消数

フルフィルメント

- 在庫回転率（全体／商品別）
- 商品別品切れ率
- 規定リードタイム内出荷完了率（出荷残差率）
- 汚破損率
- PPM（Parts Per Million）※誤出荷発生率
- 返品率／返金率
- 在庫期限切れ率

第 3 章

業界／商流／事業運営体制

「すべてを垂直統合できる」D2C だからこそ、
業界プレイヤー・商流、運営体制に関する
理解が必須

第3章では、D2C THE MODEL の前提理解となる「業界と商流」と、事業の運営体制について扱っていきます。

　まず業界の各プレイヤーが果たす役割や、どんなキャッシュポイントと原価を持っているか、その基本となる考えを解説していきます。そういった業界構造を理解することで、自社の事業を伸ばすための適切なコミュニケーションや関与方法についての基本理解が深まることと思います。

　その次は、D2C ビジネスの事業運営体制としてどのような役割が存在しているか、内製と外注を分ける観点など、自社リソースをどう最適化していくべきか事業運営体制について解説をしていきます。

業界プレイヤーと商流

　D2C ビジネスを取り巻く業界には、次のようなプレイヤーが存在します。

3-1:D2Cを取り巻く業界プレイヤーと関連商流

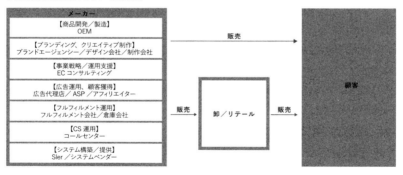

　D2C では従来のメーカービジネスよりも WEB や IT 系の事業者と関与が多く、主にフィジカル領域を担う事業者と、デジタル領域を担う WEB 業界の事業者が入り混じって各商流を構成しています。

● OEM

[事業者概要]「Original Equipment Manufacturer」の頭文字を取った生産手段を提供する事業者です。OEM製造業者は委託元メーカーに生産機能を提供し、自社ブランドとしてではなく、委託元メーカーのブランド製品を製造します。D2Cにおいては、様々な商品をOEM製造することもあれば、各種資材（商品用の化粧箱、オリジナルの配送箱など）のOEMもいます。D2Cビジネスにおいて必ず関わる事業者と言えるでしょう。

[基本商流とキャッシュポイント]OEM事業者は、委託された商品を必要量製造し、納品することで粗利を得ます。キャッシュポイントとしては初期費用と、納品に応じた売上が基本になります。

　初期費用の例としては、初回製造時の型代や版代などが含まれるケースが多くなります。**生産ロットが多くなればなるほど生産効率が上がるため、1個あたりの単価は落ちますが、総発注金額は上がっていきます。**

　特殊な原料を使っていたり、機械ではなく手づくりで製造していたりなど、生産量が上がったとしても生産コストや効率が大きく変わらないケースでは、1個あたりの単価が下がることはありません。事業者によっては、製造リソースに応じた最低売上金額を決め、その金額に合わせて最低発注量（MOQ）×1個あたり単価を決めていくこともあります。

　また、自社で生産機能は持っていなくとも「OEM企画」という形式で製造要件を定め生産管理する機能を担い、実際の生産機能は2次請けのOEMに委託することでマージンを得ているOEM事業者も存在します。

[追加で展開しているサービス例]製造物の納品の他に、商品デザインやパッケージデザインなどモノのデザインも一緒に提供している事業者もいます。

● ブランドエージェンシー／デザイン会社／制作会社

[事業者概要]主にクリエイティブ関連の領域を担う事業者です。クリエイティブに落とす前のブランド設計全般、ビジュアル表現全般の監修やデ

ィレクションといった上流の領域からサービス提供する事業者もいれば、設計済みのコンセプト・具体アイディア・具体指示を基にデザインや制作を行う事業者もいます。

ビジュアル表現、コピーやテキストライティング、それらから浮かび上がる背景やコンセプト設計など、クリエイティブ表現は EC ／ D2C 事業にとって事業実績の根幹に影響する重要要素です。

一方で、ブランドやクリエイティブ構築の工程は多岐にわたり、当該領域でやるべきことは無数にあります。かつ当領域の事業者はマス展開メーカー向けの単価でサービス提供をしている事業者も多く、EC ／ D2C 事業の予算でどこまでをどんな費用感で委託するのが適切かどうかは慎重に判断しながら進める必要があります。

少なくとも、委託すれば良い成果物が勝手に出てくるということはあり得ないため、事業に関する情報全般や目指したい方向性など、可能な限り詳細にオリエンテーションをしながら自社の責任者が進行に必ずコミットすることを推奨します。

特に D2C においては、「サイト制作＝店舗設計」であるため、「サイトを制作する」という視点ではなく、「魅力的な売り場を作る」という視点で制作会社に指示をしたりコミュニケーションをすることが必須になります。

制作関連の納品物の品質が悪い場合、デザイン会社や制作会社の質だけでなく、事業戦略やブランド戦略を基にした発注者側のオリエンテーション品質、コンセプト設計、戦略／戦術そのものが甘いケースも多分にあるため、**発注時のインプット品質がアウトプット品質を決める**という考えのもと協業をしていきましょう。

[基本商流とキャッシュポイント] 基本的には人月単価によって費用が決まるため、上流の領域になればなるほど作業領域や工程が多くなる分、費用が増えていきます。

キャッシュポイントは依頼物の納品、納品までの工程管理（プロジェク

トマネジメント）、品質担保のためのディレクションなどの各工程にかかる作業単位・納品物単位の費用です。自社の人件費を原価としてサービス提供している場合もあれば、一部作業は外注でリソースを調達し、手数料を乗せた上で納品物や成果の対価としているケースもあります。

［追加で展開しているサービス例］ 広告代理業、サイト構築、コンサルティング、商品企画／OEMディレクションなど。

●EC コンサルティング

［事業者概要］ EC ／ D2C に関するコンサルティングを提供する事業者です。コンサルティングの意味は広く、分析やアドバイザリーをメインとしている事業者、ハンズオン式でコンサルティングと実業務の両方を提供する事業者、実業務のみを提供する事業者に分かれます。

他にも、事業企画と立ち上げ支援のみ、マーケティング領域のみ、CRM 領域のみなど、各課題領域の特化型コンサルティング事業者も存在します。さらに、モールに特化している事業者、D2C に特化している事業者など、EC ／ D2C の中でも得意領域が分かれる場合が多いので、自社が手を借りたい領域とコンサルティング事業者の得意領域や実績が本当にマッチしているかは事前に必ず確認するようにしましょう。

［基本商流とキャッシュポイント］ コンサルティング事業者の多くはかけた人件費に対する売上で粗利を稼ぎます。実行に強みのあるコンサルティング事業者は、成果に応じたレベニューシェアと固定報酬を組み合わせたサービス展開をしているケースもあります。

また、コンサルティングサービスから派生し、制作や広告代理業など、別の業界プレイヤーと同じ商流を持っている場合もあるなど、事業のハブになりやすい特性上、保有している商流は多岐にわたります。

［追加で展開しているサービス例］ 広告代理業、制作、SI ／システム導入、EC 構築全般、ファイナンスなど。

● 広告代理店／ ASP ／アフィリエイター

[事業者概要] 主に EC サイト来訪者を増やすための広告出稿などの集客活動を担う事業者を指します。

　広告代理店はその名の通り広告代理事業で、様々な広告媒体のメニューや在庫を購入して運用を代行することで、広告費に定めた手数料率をかけた金額で粗利を得ます。つまり、EC ／ D2C 事業者にとっての実績がどうであっても、運用金額が増やせるかどうかが収益性を決めます。

　ASP（アフィリエイトサービスプロバイダー）やアフィリエイター（メディアと呼ばれることもあります）は、アフィリエイト広告サービスを提供する事業者のことです。アフィリエイトでは、事業者が定めた成果単価・成果地点の実績に応じて定められた報酬を得るメニューです。

　ASP というのは、数あるアフィリエイト案件を仕入れて、自社が保有しているアフィリエイターネットワークに提供することで、成果が発生した案件の報酬の一部からマージンを得る事業者です。アフィリエイターが小売事業者だとすると、ASP は卸事業者と似た立ち位置になるでしょう。

　成果地点の設定は、EC ／ D2C の場合は購入が成果地点であることが多いのですが、会員獲得などのケースもあります。アフィリエイトサービス提供者は、条件となっている成果を達成するために、まずは自身で集客のために広告費や、SEO ブログ制作やライティングなどの成果達成のための原価を出し、報酬が得られた場合に「報酬 − 原価」を粗利として得ます。この観点で、アフィリエイトサービスは販売原価と売上の差し引きで粗利を得る小売事業者に似ていると言えるでしょう。

　販売力の高いアフィリエイト事業者ほど、成果が出しやすい案件、自身の強みと相性の良い案件、報酬条件が良い案件、長く付き合いのあるメーカーの案件といった観点で案件を選ぶ傾向にあるため、誰でも販売力の高いアフィリエイターに案件を依頼できるわけではないという点も小売事業者と類似しています。

　[基本商流とキャッシュポイント] 広告代理業とアフィリエイト事業者は、

どちらも「認知〜購入」といった EC ／ D2C 事業者の売上に直結する機能を担っているという点では同じですが、そのキャッシュポイント特性から、重きを置いているポイントが異なります。

　広告代理業は、預かった運用費全体金額の多寡に応じて手数料総額が決まります。そのため、運用費をいかに上げるかということがメインの関心事となり、その提案の幅も「認知施策〜購入」までのフルファネルでの提案が多くなります。

　アフィリエイト事業者は、成果が出なければ報酬が発生しないサービスモデルのため、成果に近い領域についての関心事が強くなります。例えば、デジタルマーケティングでクリックを稼ぎやすい訴求が可能な商材か、CVR が最大化しやすいプライシングや割引キャンペーンがあるかなどです。また、一度運用を開始しても成果が出にくいことが分かればすぐに成果が出やすい別案件に関心が移りやすい特性があります。

　これらの違いを踏まえて、同じ集客運用でも目的に応じて委託先を使い分けることが好ましいでしょう。

　これらの特性からわかるように、**広告代理店や ASP は「事業（商材）の持続的成長」ではなく、「自社のマネタイズポイントに最適な運用」が最上位のモチベーションになります。**そのため、「代理店に広告運用をしてもらっているが売れない、アフィリエイターを直接口説いたのにそのあとすぐに運用を止めてしまった、アフィリエイターが獲得数だけで利益のことを全く考えていない」といったよく聞く不満はお門違いです。

　実際に商品が売れて利益が出る状態にするには、あくまで各プレイヤーの集客・販売能力やリソースは活用しながらも、その他の事業活動全体について自社でオーナーシップと責任を持つ必要があります。

[追加で展開しているサービス例]「認知〜購入」に関連する追加サービス全般を提供しているケースも多く、例えばサイト構築や LP 制作、バナーなどのクリエイティブ制作、SNS 運用代行などが挙げられます。

● フルフィルメント会社／倉庫会社

[事業者概要] フルフィルメント会社や倉庫会社とは、事業者から在庫を預かり、在庫保管、出荷作業を主に担う事業者のことです。自社配送を持っている場合もありますが、多くの事業者は大手物流会社（ヤマトや佐川など）に荷渡しをして倉庫を出てから顧客にお届けするまでの配送作業は預けています。

[基本商流とキャッシュポイント] フルフィルメント会社／倉庫会社は預かった在庫の保管費用と在庫ピッキング、出荷作業、返品受け入れなどの庫内作業費、WMS といったシステム利用費で粗利を得ています。原価としては主に人件費、倉庫設備やシステムの保守・管理費、土地代です。

　製造と同じく、基本的に出荷量が増えれば増えるほど作業効率が上がるため、出荷量に応じて費用も下がりますが、人件費とのバランスで決まることもあり、今後人口が減っていく日本ではではなかなか下がりづらい変動費と言えるでしょう。

[追加で展開しているサービス例] 倉庫作業全般業務に加えて、システム処理など EC 関連業務の一部を請け負っている事業者もいます。

● コールセンター

[事業者概要] コールセンターは CS（カスタマーサポート）領域の業務全般を担います。顧客からの問い合わせのみに対応している事業者もいれば、見込み顧客リストへのアウトバウンドによるセールス活動、定期商材の解約抑止、既存顧客へのアップセル活動など、LTV を向上させるための CRM 業務を提供したり、倉庫会社同様に EC 運用業務の一部を担ったりできる体制をもった事業者も存在します。

　CS 領域の業務は EC ／ D2C ビジネスにおいて顧客との直接接点を持ち、その品質は顧客満足度を決める上で非常に重要です。

　また、インターネットでの詐欺などが横行した結果、顧客の CS 対応に関する感度も上がっており、**真っ当なビジネスを展開していても、CS の**

品質が低ければ詐欺業者の疑いで通報される可能性もあるため、事業リスクに直結するという守りの視点でも重要な業務領域です。

[基本商流とキャッシュポイント] コールセンターは業務対応時間に応じた課金と、メーカーが専任で確保した人員数（席数）あたりの課金の2パターンで売上を得ていることが多く、いずれの場合も原価は業務に充てた人員の人件費です。

　前者の場合は、対応内容に応じた課金体系（受電対応1件あたり●円、メール対応1件あたり●円など）にしていることが多く、このケースでは人員の割当は同一担当者が複数の案件を担当します。原価となる人件費を複数案件で共有できるため、費用は低くおさえやすい半面、複数ブランドで同時に業務量が増加した場合には対応しきれないケースや、1ブランドに関するCS対応の教育が行き届かないことも起こりがちです。

　人員数を専任で確保する価格体系の場合、業務量問わず確保する人員数に応じて固定金額が必ず発生しますが、その分密な教育を通して業務品質や業務効率の改善を図ることもできます。

　CRM業務のような売上貢献業務の場合、通常のCS対応コストに加えて、アウトバウンド電話1件あたり●円、解約抑止1件あたり●円、アップセル成功1件あたり●円など、追加業務や成果に応じた別メニューになっていることも多くあります。

[追加で展開しているサービス例] CS業務全般に加えて、システム処理などEC関連業務の一部や、CRMなどを請け負っている事業者もいます。

● 卸／リテール

[事業者概要] 商品を仕入れ、販売する商品流通を担う事業者です。法人から仕入れて法人に販売するBtoB商流の場合は卸事業者、法人から仕入れて一般消費者に販売するBtoC商流の場合はリテールになります。また、最終的にリアル店舗へ流通するための一般的な卸／リテールに加えて、

EC 上で商品を仕入れて販売する EC 型の卸／リテールも存在します。

　D2C ビジネスにとって「卸／リテールは排除すべき中間流通である」という考えが未だに存在しています。しかし、**日本の EC 化率が 10％付近である以上、D2C から始まったブランドも売上拡大を続ける限り、必ずリアル商流に進出するフェーズが訪れることが多く、その際にはリアルの商流を専門で担っている卸／リテールの力を借りて商品流通の活性化が必要になります。**

［基本商流とキャッシュポイント］ 商品を仕入れ、販売することで粗利を得る業態であるため、基本的にはシンプルな商流とキャッシュポイントです。

　仕入れの条件の重要事項としては返品の可否（在庫リスク）と掛率になり、業界や商材の掛率水準に在庫リスクの観点が組み合わさって最終的な掛率条件が決まります。メーカーから販売店（リテール）に直接販売をする直卸の商流も存在します。

［追加で展開しているサービス例］（リテールの場合）自社が抱える顧客基盤に向けたプロモーションサービスなど。

● Sler ／システムベンダー

　当領域については第 9 章で詳細に解説を進めるため、本章では説明を割愛します。

D2C 事業の運営と役割

　続いては、D2C ビジネスの運営体制と運営に携わる主な役割（ロール）の解説をしていきます。フェーズによって 1 人が複数のロールを兼務したり、内製と外注を組み合わせたりしながらにはなりますが、ビジネスが拡大するにつれて、最終的に揃えるべき役割はどのようなものがあるのかを理解する手助けになれば幸いです（図 3−2）。

プロダクト／ マーチャンダイジング	マーケティング	チャネル	CRM／LTV

全体戦略／PM

商品企画・開発

ブランディング／クリエイティブディレクション

デザイン／制作

PR／マーケティング

SNS／オウンドメディア

営業／アライアンス　　　　CRM

CS

SCM

システム開発・構築

● 全体戦略／PM（プロジェクトマネジメント）

[ロール概要] D2C ビジネス全体の戦略、数値計画を立て、事業全体の旗振りや管理を担う役割です。極論を言うと、**まずはこのロールを持てる人材が 1 人いれば、外注を組み合わせながら D2C ビジネスを成立させていくことも可能です。**ブランドオーナーやプロダクトオーナーと言われる役割もこのロールに近いものです。

　素養としては D2C ビジネスの理解に加えて、ビジネス全般の理解、ビジネス数字感覚、プロジェクトマネジメント力、巻き込み力など、冷静と情熱を兼ね備えた人材が向いています。

　また、商品企画やサービス企画など、プロダクト／マーチャンダイジングにも積極的に関与し、現状の手段に閉じずビジネス成長に使えるあらゆる手段を最大化していくことに責任を持つのもこのロールです。

　[主な指標] 全体売上、営業利益

● 商品企画・開発

[ロール概要] 商品を企画し、OEM などを活用しながら商品化を遂行する役割です。商品開発要件の立案、OEM パートナー選定や経済条件などの折衝、商品化のディレクションや製造工程管理など、企画から商品開発を経て実際に作っていく部分を担います。

　独自の魅力をもったプロダクトを追求することに加えて、事業フェーズや資金状況、事業計画上の原価率など許容コストの観点を合わせながら商品スペック、製造量などの落としどころを決め、商品化を進めていきます。したがって、**理想を追求するこだわりの観点と、その事業で満たすべき数字を踏まえたロジカルな観点のバランスが求められます。**

　[主な指標] 商品売上・粗利、商品販売スケジュール管理

● ブランディング／クリエイティブディレクション

[ロール概要] D2C 展開するブランドのブランドアイデンティティ（BI）やビジュアルアイデンティティ（VI）の定義や、ブランドの独自性の構築、一貫性のある表現やコミュニケーションを成立させることを目指す役割です。また、ブランドが発信するクリエイティブ全体のディレクションを通してその成立を管理していきます。

　ブランディングは目的ではなく、自社商品の継続的な購買を実現するための手段の 1 つです。そのため、クリエイティブな観点だけでなく、ブランディングやクリエイティブをビジネス成長戦略や事業数字目標達成の一環として捉えることができ、マーケティングやセールス活動の場面においてのクリエイティブやブランドコミュニケーションの柔軟なアレンジを考えられることも重要です。

　[主な指標] 全体売上、マーケティング関連指標（CTR、CVR など）

● デザイン／制作

[ロール概要] D2C ビジネスに関連するデザインや制作全般を担う役割です。例えば、EC サイト全体デザインや UI 設計、EC サイトのキービジュ

アルや商品画像、商品パッケージ、資材、同梱物、バナーなど、各領域で必要な制作物は多岐にわたり、関与者の幅も広くなりがちです。

WEB 媒体かフィジカル媒体か、ブランディング寄りか販促寄りかなど、デザイナーによって得意分野は異なります。全てを自社デザイナーでまかなうのではなく、各分野で得意なデザイナーを抱えた事業者に外注することも必要になります。

[主な指標] 制作数、マーケティング関連指標（CTR、CVR など）

● PR ／マーケティング

[ロール概要] paid、non-paid の様々な手段や施策によって、露出量やサイト集客の最大化を図り、最終的に購入客数・売上を最大化することを担う役割です。全体予算をアロケーションしながら、許容されているコストの中で求められる実績の最大化をしていきます。

　特にマーケティングにおいては、集客後の接客パフォーマンス（主にCVR）によっても全体成果が大きく左右されるため、広告クリエイティブやサイト制作の設計、プライシングやオファー設計まで広く関与しながら成果を最大化することが求められます。集客をしながら、商品設計や店舗設計も同時に担うイメージです。

　マーケティングは単に集客をすることではなく、売れる商品を作る・商品を売れる状態にする総合的な活動が必要になります。このロールは事業成長のエンジンを担い、全体戦略とマーケティング活動の連動性は高ければ高いことが望ましいため、足元の成果を追求する人材と、より上流を担う人材のどちらも求められます。また、常に最新トレンドや手法が生まれやすい領域であるため、同業者や他業界の事業者から積極的に情報収集し、自社実績の向上に転用しようとするマインドも非常に重要です。

　[主な指標] 露出数、来訪者数、CVR、新規購入者数、商品売上、全体売上、アップセル／クロスセル率

●SNS／オウンドメディア

[ロール概要] SNS アカウントやオウンドメディアの構築などを通して、paid 集客以外の集客手段や既存顧客との接点維持を目的としたメディア運営を担うロールです。SNS やオウンドメディアは購入見込みのある顧客集めに加えて、他の露出ポイントから検索などを通して流入してくる比較検討顧客を拾っていくための手段になるため、事業初期から構築に着手しておくことを推奨します。

　PR／マーケティング活動と連動してメディア側も成長していくため、マーケティング ROI 底上げの視点でも重要です。また、SNS で得られた UGC などはマーケティングパフォーマンスを向上させるための素材として活用できるなど、口コミと類似の効果を生むことができます。

　新規顧客獲得のために SNS やオウンドメディアを運営している事業者もありますが、いくらフォロワーや投稿を増やしても、コメントや DM や LIVE 配信などで直接的かつ密度が非常に高いコミュニケーションを手厚く実施しなければなかなか成果には結びつきません。

　一方で、SNS は既存顧客向けのお知らせやコンテンツ配信基盤としての活用は直接的・間接的効果を生みやすい側面もあります。コーポレートサイトや EC サイトはきっかけがなければアクセスに至りませんが、SNS の場合は日常的にマガジンのように閲覧している顧客も多いからです。

　既存顧客の追加訪問や追加購入に対しては、様々な接点で様々なコンテンツ（ブランドニュース、新商品発売、顧客の口コミなど）を配信し続けることが低コストで有用な施策のため、CRM 活動の一環として特化することも選択肢の 1 つでしょう。

　中途半端な注力では全く成長しないケースも多くあります。自社事業や事業フェーズに応じた目的や注力度合い、そこにかけるリソース量を明確に定め、その計画に合わせて運営していくのが望ましいでしょう。

　[主な指標] フォロワー数、メディア UU 数、サイト送客数

● 営業／アライアンス

[ロール概要] 営業活動やアライアンス活動を通して、自社で展開する PR ／マーケティングや D2C チャネルに閉じない、露出・集客増加や販売チャネルの増加を担う役割です。メディアへ掲載するための営業活動や、アフィリエイト設置の営業、卸会社への商品取り扱いの営業、販売代理店営業、様々な事業者との提携、ブランドコラボレーションなど、他社の資産やリソースを獲得していくことを推進していきます。

初期は事業責任者がこのロールを担うことが多いですが、通常の事業活動に閉じない事業成長手段の獲得につながるため、事業拡大に合わせて専任担当や部隊を揃えていくことが望ましいでしょう。

[主な指標] 取扱店舗数、販売代理店数、その他営業・アライアンス活動による集客・売上増加

● CRM

[ロール概要] 当領域の活動全体は第 8 章で詳細に解説をしますが、既存顧客へのアクションを通じて、既存顧客の再購入を最大化することで顧客の LTV や既存顧客売上を担う役割です。

CRM ロールの人材は、マーケティング担当者と同様に、誰よりも顧客や商品の解像度が高く、接点を作るべきシーンやその点におけるコミュニケーションを追求する必要があります。

LTV は顧客の可処分所得、消費カテゴリ別の商品消費サイクル（理論上の最大購入回数）、代替商品の強さには影響されるものの、体験や商品の満足度が高い限りは必ず向上させることができます。本書で何度も言及している通り、D2C ビジネスの成否を分ける最も重要な要素の 1 つが LTV なので、今後ますます重要になる役割です。

[主な指標] 既存顧客売上、LTV 関連指標（顧客あたり購入回数、継続率、顧客あたり購入単価）、CRM 施策指標（CRM 施策 CTR、サイト遷移率、サイト内 CVR、施策経由売上など）

● CS（カスタマーサポート）

［ロール概要］ 顧客へのカスタマーサポート業務を担う役割です。CSは顧客と直接接点を持つ立場にあり、CS品質はブランドの目に見える評価と目に見えない評価の両方に大きく影響を与えます。

目に見える評価で分かりやすい例は「口コミ」です。対応品質の悪さから、口コミサイトやGoogleマップの会社情報に悪評を書かれてしまい、他の顧客の購入に影響を与えてしまうこともあります。対応品質が非常に悪く顧客に損失を与えるレベルだった場合は、消費者センターへの通報などもあり得ます。

目に見えない評価というのは、口コミのように表面化はしないものの、顧客の悪い思い出となり今後の継続購入の見込みを著しく下げてしまうような評価です。CSはコストセンターと捉えられがちですが、CRMアクションのための接点として解約抑止施策に活用したり、顧客のN1情報を集約し顧客を把握したりするための場所として商品やサービス設計に活用するなど、攻めの役割を担うことも可能です。

優先度としては、顧客対応における品質や満足度を向上させ、ブランドへの好意度を維持向上させ、クレームリスクを最小化することを重視すべきですが、顧客との直接接点がD2Cビジネスの強みでもあるため、攻めの施策にも漏れなく活かすことを推奨します。

［主な指標］受電応答率、顧客問い合わせ解決数、解約抑止率など

● SCM（Supply Chain Management）

［ロール概要］ EC販売において外すことのできない、サプライチェーンマネジメントを担当する役割です。

ECのSCMは、商品の製造管理、商品在庫管理、出荷・返品管理などが主になりますが、全工程においてビジネス成果を阻害しない管理が求められます。商品生産遅れ、在庫切れ、出荷不備など、各工程で起こり得るトラブルは全て顧客クレームや販売機会損失につながります。また、ビジネス拡大に応じたサプライチェーン構築もこの役割が担います。

例えば、BtoB取引の開始、異なる在庫保管要件商品（常温品と冷蔵品

など）の発生、チャネルの多角化など、D2C ビジネスは WEB やデジタルに閉じないタスク領域の連動性が強くなるビジネスなので、ビジネス計画に応じて常に先回りしながら対応していくことが求められます。

　また、効率よく大量販売することが重要なマス販路と異なり、D2C では顧客の満足度と LTV に好影響を与える体験が重要になるため、手厚いノベルティの同梱や特殊な配送箱利用など一般的には非効率とされる施策も是となるケースも多く存在します。逆に、配送のスピードなどはマス向け EC と比較すると、優先度が低くなることも多くなります。

　[主な指標] 在庫回転率、品切れ率、販売原価率など

● **システム開発・構築**
[ロール概要] EC の事業基盤となるシステムを機能開発したり構築します。当領域は D2C 事業のパフォーマンスを決める非常に重要な与件となる領域であるため、第9章で詳細な解説を進めます。

事業フェーズ別の運営体制

　0 → 1 で D2C ビジネスを始める場合、事業開始初期から充分なリソースを備えることができるわけではありません。

　また前提として D2C は必ずしも自社で全てのロールを担う人材を抱える必要もありません。業務の全プロセスにおける一貫性のあるディレクション・マネジメント体制は内製にしつつ、実運用については外注という体制で運用するケースがほとんどです。

　全て内製・外注という極端な体制は事業を伸ばす上で不十分なことが多く、その業務が付加価値の高いコア業務であるのか、ノンコア業務なのかを見極めて判断をする必要があります。コア業務とは、事業の成果をコントロールするために根幹となる業務です。

　実運用や実稼働自体は外注に頼りつつも、その領域での成果を決める方針検討、KPI 設計、実績マネジメント体制の構築や PDCA 管理、改善施

策の検討、人員稼働状況管理など、非ノンコア業務の中でもディレクションやマネジメント領域は事業者主体で持つことが望ましいでしょう。

　また、コア業務の外注が常に NG ということではありません。コア業務を外注する際には、「その専門領域のプロから学び、内製化できるほどその領域について身につける」という徹底的なラーニングを前提にした外注、「自社で全てを理解した上でリソース補助のために外注でプロ人材リソースをまかなう」という外注であれば問題はないでしょう。

　最も成果が得られない外注は、「プロに任せたのだからこのロール範囲の指標は改善されるだろう」という投げやり外注・任せきり外注です。特に新しい領域（新たな媒体広告運用、SNS 運用など）では発生しやすく、「なぜ良くなるのかは理解できていないがミラクルがありそう」という期待を持った外注や業務委託はほとんどの場合うまくいきません。なぜなら、「成果を出すために外の力を借りる」のではなく「成果を外部に頼る」マインドになってしまっているからです。

事業リソースの中でも特に重要である内部リソースは可能な限り事業実績を伸ばすことに脳内シェアも時間シェアも寄せ、そうではない業務へは各種リソースを割く必要がない状態が理想です。

　事業の核を担う業務のディレクション・マネジメントは必ず内製し、社内に成功・失敗ノウハウが貯まる体制を重視しながら、ルーティンワークはうまく外注化・外部化し、内部リソースでしかできないことにリソースを集約しましょう。

第 4 章

事業戦略

勝負すべき市場と戦い方を明確にし、
勝率の高い事業を構築する

第 4 章では、D2C における事業戦略の考え方について解説します。

①Aspiration（要達成事項、目指す姿）の設定

②Where to play（どこで戦うか）

③How to win（どう勝つか）

④Capabilities & Systems（必要な能力、体制、仕組み）

この要素を順番に検討し組み合わせながら戦略を考えるフレームワークを活用し、事業戦略を構築していきます。

①〜④は順番に検討を進めることを基本としていますが、新たに得られたアイディア・事実・実態・状況などに応じて、前の要素に立ち戻って適宜修正をしながら事業戦略をシャープにしていきます。

初期から潤沢なリソースを保有しているケースの少ない D2C ビジネスでは、骨太な戦略が構築できるかどうかが、自社リソースを最適な状態で事業成長につなげられるかの分かれ道となります。戦略フレームワークは世の中に数多くありますが、一例として参考にしていただけますと幸いです。

D2C の事業戦略の考え方

高速な PDCA 回転がしやすい D2C ビジネスにおいては、事業戦略を練ること以上に実行が大切と言われています。

しかし、あらかじめ事業戦略を整理しておくだけでも、ビジョン偏重思考（戦略とビジョンを混同し、実現イメージは持たない）、リサーチ・ベンチマーク偏重思考（市場や他社の調査・分析をして満足する）、強み・弱み偏重思考（強みだけに固執、弱みばかり気にしてしまう）といった、D2C 事業においてよくあるアンチパターンを回避することが可能です。

ただし、事業戦略は立てることではなく、ビジネスの成功が目的のため、事業戦略検討に時間をかけすぎないよう注意をしましょう。また、多くの場合において、事業進行をする中で有機的に当初の戦略を変更すべきケースが大半でもあります。特に初期フェーズでは戦略を変更する柔軟性

も欠かさないようにしましょう。

4-1:D2Cビジネスの事業戦略の考え方

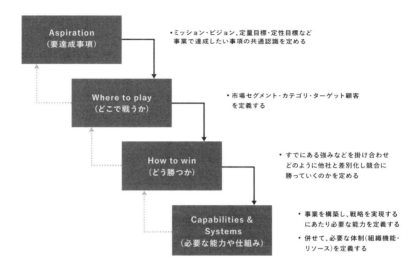

① Aspiration（要達成事項、目指す姿）の設定

実現したいミッションやビジョン、定性・定量目標など、戦略検討の目的となる達成事項を設定します。これは関与者全体の活動指針や目標にもなります。理解や認識を全員が共通して持ちながら、いつでも立ち返るべき内容として、明文化して関与者の誰もが理解をしていることが重要です。

この領域を丸ごと外注して設計を依頼してしまうことがありますが、必ずメイン関与者が主体的に設定し決断することを心がけてください。

② Where to play（どこで戦うか）

ターゲット市場のセグメント、競合、市場におけるポジショニング、コアターゲット顧客など、自社のビジネスがどんな環境で戦うかを定めま

す。PEST、3C、5Forces などの定番フレームワークを活用すると整理が
しやすくなります（図4-2）。

4-2:Where to play設計フレームワーク

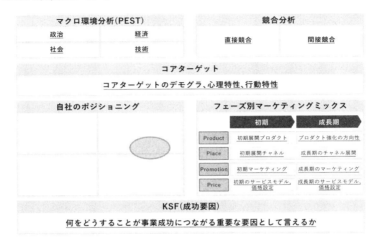

［マクロ環境分析］ PEST フレームワークなどを用いて、マクロ環境がど
のような状態であるかを分析し、自社のビジネスにおける主要な状況や変
化を整理します。

［競合分析］ 自社ビジネスの競合にあたる企業や業種を整理し分析します。
主要な競合は「How to win（どう勝つか）」の内容を用いてトレースする
ことで示唆が得やすいでしょう。また、競合設定は直接競合（自社ビジネ
スと類似ビジネスでの競合）と間接競合（自社ビジネスとは異業種のビジ
ネスだが、自社ビジネスの競合となり得るビジネス）に分けて考えること
で、より意義のある分析がしやすくなります。

［コアターゲット設計］ 自社の商品やサービスのコアターゲットを設定し、
どのような特性を持った顧客であるかを整理します。デモグラフィックよ

りも、行動特性や心理特性に主眼を置いた整理をしておくことでアクションにつなげやすくなります。

[自社のポジショニング設計] 定義した市場や競合の中で、自社のポジショニングがどう位置付けられるかを整理します。ポジショニングマッピングの軸になる定義は、「自社がよく見える」軸を設定しがちですが、「自社ビジネスの独自性を構築するために意味のある」軸を設定する必要があります。

[フェーズ別のマーケティングミックス] 詳細なマーケティング戦略に落とし込む前に、事業フェーズ別の大まかなマーケティングミックスを定義します。D2C チャネルとマスチャネルの違いでも述べた通り、プロダクト、プライシング、プロモーション・マーケティング、プレイス（チャネル）は密につながり合って「最適」を作り出しているため、各要素同士のズレは事業の実績に直結します。

[KSF 設計] Key Success Factor（重要成功要因）を定義します。文字通り、何をどうすることが自社戦略において成功につながる重要な要因となるのかをあらかじめ定めることで、芯のある戦術の実行が可能になります。

③ How to win（どう勝つか）

「② Where to play」で定義した市場でどう戦っていくのかを定めていきます。ここでは、リーンキャンバス（スタートアップのビジネスモデルを検討するためのフレームワーク）を活用することで網羅的な整理がしやすくなります。

自社ならではの価値や強みを考えていく際、「差別化」という言葉が使われるケースもあります。しかし、差別化よりも「独自化」という考え方で検討を深めていくことをおすすめします。

なぜなら、差別化は「何かの要素をズラす」という視点になりがちで模

倣にも弱いのですが、独自化は様々な要素を組み合わせ、オンリーワンを目指していくという考え方につなげやすいためです。

また、「How to win」という表現をしていますが、D2CのHow to winで重要なのは「競争で勝つためにどうするのか？」ではなく、「独自化によってどう競争をせず生き残り続けるか？」という視点が重要です。

従来であれば売上を作るための販路が固定化され、その販路へ依存せざるを得ないという制約がありましたが、D2C主体の販路展開にすればその戦略の自由度が大幅に増していきます。この自由度を存分に活かし、全体戦略の中で販路事情に依存しないビジネスの構築を進めましょう。

では実際に、リーンキャンバスを用いて整理していく項目について見ていきます。（図4-3）

4-3：How to win設計フレームワーク

顧客課題	ソリューション	独自の価値	優位性	コアターゲット
設定したコアターゲットが普段抱えている課題仮説を定義する	定義した顧客課題に対して、どんなことが解決策になるのかを定義する	企画している商品のユニークな価値を定義する（このユニークな価値は、調査した競合の強み、顧客課題、自社ならではの強みなどから総合して定義する）	競合と差別化をするための事業上の優位性を定義する	企画している商品のコアとなるターゲットを定義する（幅広く定義するのではなく、最大2〜3セグメントで定義し、より具体性ある計画を立てられるようにする）
既存の代替品	**主要指標**		**媒体／チャネル**	
設定したターゲット課題について、普段顧客が解決のために利用している商品やサービスやその他手段を定義する	商品を広めるにあたり、主要な指標を定義する	ただし、立ち上げてから創出されるものでもあるため、仮定で設計しても問題ない	顧客に自社商品をリーチさせ、購入していただくための情報媒体や購入チャネルを定義する	

コスト構造	収益の流れ
事業をリリースし、広めていくために必要なコストを設計する	価格、サービスモデルについて定義する。どんなステップで新規獲得を最大化し、LTVを最大化するかの理想の流れまで定義できているとベター

（1）**コアターゲット**：企画しているブランドや商品、サービスのコア

となるターゲットを定義します。最大 2 ～ 3 つのセグメントで定義
し、それぞれの生活における行動特性や心理特性に応じたマーケティングアクションを実行しやすい状態を作ります。

（2）顧客課題：設定したコアターゲットが普段抱えている課題を定義
します。事業立ち上げ初期であれば、仮説を用いて定義しても問題
ありませんが、事業進行するにつれ実際の購入者へのインタビュー
を通してより深掘りされた情報から定義する必要があります。この
課題設定がマーケティング ROI を大きく変えるため、顧客課題の
定義は非常に重要な要素になります。

（3）既存の代替品：設定したターゲット課題について、普段顧客が解
決のために利用している商品やサービスやその他手段を定義しま
す。直接競合や間接競合がここに該当します。

（4）独自の価値：ブランドや商品の独自の価値を定義します。調査し
た競合の強み、顧客課題、自社ならではの強みなどの要素を組み合
わせて定義していきます。

　ここでは商品スペックなど必ずしも商品について定義する必要は
なく、能力やサービスポリシーなど様々な要素の組み合わせでより
模倣が困難な価値を定義し作り出していくことが重要です。「従来
品より保湿力 5 倍の美容クリーム」は模倣しやすいですが、「デー
タ分析とデータを活用した CRM に強みがあり、全カスタマージャ
ーニーにおいて顧客第一で熱量の高いコミュニケーションを徹底し
たスタッフが販売する美容クリーム」は容易に模倣ができません。

（5）ソリューション：定義した顧客課題に対して、何が解決策になり
得るのかを定義します。この要素においても、モノとしての商品が
果たす内容ではなく、コミュニケーションや無形サービスなど、総
合的な観点で列挙し定義するのが重要です。D2C ビジネスは物販

以外の要素を組み合わせやすいのがメリットの1つであるため、幅広い手段で解決策を定義しましょう。

(6) **媒体／チャネル**：顧客に自社商品を露出しリーチさせ購入していただくための情報媒体や購入チャネルを定義します。顧客のインバウンドを増やす手段、顧客をアウトバウンドで捕まえにいく手段の両方の観点で整理すると網羅性が向上します。

(7) **収益モデル**：どのような商品・サービスモデル・価格によって、どんな商流で収益を上げていくかを定義します。主に販路によって収益モデルが変動するため、想定されるパターンを複数定義しましょう。また、どんなステップで新規獲得を最大化し、LTVを最大化するかの理想の流れまでを定義できていると理想的です。

(8) **コスト構造**：事業をリリースし、広めていくために必要なコスト要素を整理します。PLとしての全体構造だけではなく、顧客あたりの粒度のものも整理しておけると良いでしょう。

(9) **主要指標**：事業を成長させるにあたり、主要なKPIを定義します。D2CでよくモニタリングされるKPIについては第2章を参照ください。

(10) **優位性**：競合に対する自社の独自性を構築するために、事業上の優位性を定義します。D2Cビジネスにおける優位性は、プロダクト、自社の能力や体制、業界リレーション、他の事業で保有しているアセットなど、幅広い観点で定めていきます。

「D2Cの開始〜スケール」までの基本戦略設計においては、一般的に自社が「強者」という前提の戦略（王者戦略）ではなく、「弱者」であることが前提のランチェスター戦略の考え方に基づいて組むことも頭に入れて

おきましょう。

　本書では詳細は割愛しますが、ランチェスター戦略とは弱者と強者それぞれの立場で、どう市場で戦っていくべきかを定めた考え方です。この考え方では弱者は「人数（量）×武器性能・効率（質）＝戦闘力」という前提に基づいて戦略を組むべきとされます。

　この式をD2Cに当てはめると、**「人数＝リソース量、投下可能コスト量」**、**「武器性能・効率＝（プロダクト／マーチャンダイジング力×マーケティング／チャネル力× CRM ／ LTV 力）×事業体制・仕組みによる生産性」**に置き換えられます。

　この弱者にとっての基本戦略は「差別化」とされ、戦略軸として、
①局地戦（ビジネス領域を絞り大きな市場を見据えながらもニッチ市場
　でまず勝負する）
②一騎打ち（競合するのは1社のみ）
③接近戦（顧客に直接アプローチし、可能な限り寄り添う）
④一点集中（勝ち目が高いポイントに「量」を集中させる）
⑤陽動作戦（弱者だからこそ実行できる施策に頭を使う）
　この5つが挙げられます。これらはまさにD2Cビジネスの基本的な考え方や利点との整合が強く、ランチェスター戦略に本書のD2C THE MODEL の考え方を組み合わせることで、失敗率の低いビジネス戦略の実行が可能になります。

　ここまでご紹介してきたランチェスター戦略の考え方で無事にファーストランディングを終え、売上と利益の確保見込みが立ったD2Cが必ず向き合うのは、**「売上成長重視で規模の拡大を目指すか、規模拡大は追わず利益の確保を優先するか」**という問いです。1ブランドで年商100億円を目指す戦略シナリオと、10ブランドで年商10億円では経営レベルから考え方を変える必要があり、各ブランドで取るべき事業戦略も大きく変わるため、この問いに対する答えは必ず意識しておきましょう。

　なお、規模を追う場合には、後述する事業モデルのうち、よりD2Cチ

ャネル主体からマスチャネルを組み合わせた方向性に進む必要性が高まり、後者の場合はD2Cチャネル主体での「ビジネスローンチ〜スケール」に再現性を持たせることの重要性が増します。

④ Capabilities & Systems（必要な能力、体制、仕組み）
「② Where to play」「③ How to win」の定義が完了したら、選択した市場で勝つために必要な能力・体制・仕組みについて定義をしていきます。

この前段までに定義した内容が優れていても、それを実行し成果を出していくには、この「④ Capabilities & Systems」の観点が欠かせません。D2Cビジネスを推進する上で、自社が持っている能力だけでなく、運営体制や、理想的な運営を実現する事業基盤としての仕組みの検討が戦略の具体化のためには必須です。

これらの「④ Capabilities & Systems」は、現在自社が保有しているものの中で特に戦略実行において重要なものと、いま自社が持ち合わせていないが重要なもの、という両方の観点で必ず検討をしましょう。

D2Cで使えるフレームワーク

ここまでD2Cビジネスの事業戦略の考え方について説明しましたが、戦略検討に特に活きる一般的なフレームワークや理論を抜粋してご紹介します。

過度にフレームワークに固執する必要はありませんが、適したシーンか適したタイミングでフレームワークを活用することで戦略がシャープになったり、抜けていた観点を認識できたりもするため適切に活用しましょう。

PEST：「政治」「経済」「社会文化」「技術」の4つの側面から、自社ビジネスに影響をおよぼす可能性のある外部環境を分析するフレームワークです。外部環境が自社事業にとってどんな好影響、悪影響を与え得る

かを分析し可視化します。活用観点のイメージをわかりやすくゲームで
例えると、フィールドバフ・デバフ（フィールド効果でプレイヤーを強
化したり、弱体化させたりする要素）の把握と言えるかもしれません。

3C：「Customer（顧客、市場）」「Competitor（競合）」「Company（自
社）」という3つの要素を分析することで自社の現状を把握し、成功の
ために何が必要かを定め、自社の競争力の高め方の道筋を太くするため
のフレームワークです。

5Forces：「売り手」「買い手」「新規参入」「代替品」「既存競合」の5
つの観点で自社がさらされている「脅威（Force）」を分析し、競争要
因や自社の競争優位性を探ることを目的とします。D2Cにおいては、
マクロ過ぎない視点で分析する方が実態を把握しやすくなるでしょう。
また、特に仕入れ値や安定在庫供給への影響（サプライヤー）、競争の
強さ（新規参入、既存競合、代替品）の観点での業界実態把握に注力し
ましょう。

VRIO分析：「Value（経済的価値）」「Rarity（希少性）」「Imitability（模
倣可能性）」「Organization（組織）」という4つの観点で、主に自社の
経営資源やアセットの観点で競合優位性を把握するためのフレームワー
クです。顧客と直接接点を持つD2Cにおいて、自社の何が強みになる
のかを洗い出すことに活用します。

STP：「セグメンテーション」で市場の全体像を把握し、「ターゲティン
グ」でその中から狙うべき市場を決定し、「ポジショニング」で競合他
社との位置関係を決定する、自社の立ち位置や戦略方向性の基礎になる
フレームワークです。自社が市場をどう捉えているかも重要ですが、顧
客にとっての市場の捉え方の視点も入れて検討を進めていきましょう。

4P分析／4C分析：売り手や顧客の視点で顧客が成約に至るまでの判

断に主に影響を与える４つの要素の分析をし、各要素を現状フェーズに
最適な各要素を組み合わせることで、最適なマーケティング・チャネル
アプローチ方法を検討するためのフレームワークです。後述する事業モ
デル例や各特性を加味して検討することで無駄のない検討が可能になる
でしょう。

SWOT 分析：自社の内部環境と外部環境を、「強み（Strength）」「弱み
（Weakness）」「機会（Opportunity）」「脅威（Threat）」として洗い出
し、分析する手法で、事業の現状を把握し事業戦略に活かすことを目的
とします。要因を内外に分けてポジティブなこととネガティブなことを
同時に可視化するため、適切な選択肢の判断を手助けします。

PPM 分析：プロダクト・ポートフォリオ・マネジメント（PPM）分析
は、事業で展開する複数の商品・サービス・ブランドのそれぞれの位置
づけを成長率（伸び具合）とシェア（伸びしろ）から整理し、最適な投
資配分を検討するための手法です。
　ブランド数や商品数が少ないフェーズでは不要ですが、ある程度成長
したフェーズでどのブランド・商品にいくら投資するのか、立ち止まっ
て検討するのに活きます。各商品単体のポートフォリオの観点ではな
く、各商品を入り口として LTV を増やしていくルートの考え方も加味
した投資配分の考え方を加えると、D2C ビジネスにおいてはより示唆
の高い分析になるでしょう。

アンゾフのマトリクス：事業やブランドの成長戦略オプションを「製
品」と「市場」、「既存」と「新規」の４つの組み合わせでパターン化
し、どの組み合わせの方向性に進んで事業拡張していくのが最も成長に
寄与しやすそうかを検討するためのフレームワークです。市場環境とこ
のマトリックスの組み合わせによって自社にとってあるべき成長方向性
を決めていくことが可能になります。

行動心理学全般：人の心理を理解し、行動を促すための学問です。D2C は顧客への直接アプローチを通して、自社ブランドでの消費を繰り返してもらい続けることが必要です。EC やデジタルマーケティングで実際に購入に至っていただく過程では、会ったことも、話したこともない顧客に対し、様々なコミュニケーションやコピー・クリエイティブ表現を通して「購買に近づく行動をし続けてもらう」必要があります。常に顧客の行動を促すことが必須の D2C のマーケティング・チャネルアプローチの中では、行動心理学の理解が必須です。

D2C の事業モデル

D2C ビジネスはあくまでイノベーター理論の「アーリーマジョリティ」に最も経営効率よく最速で達するための手法です。つまり、レイトマジョリティ以降の顧客を捉えてビジネス成長を継続していくには、D2C のみで完結するビジネスの立ち上げを繰り返すブランドラインナップ拡張か、マスチャネルやレガシーチャネルに進出し 1 ブランドでの拡大を目指すことが必須になります。後者の方向性で戦略の舵を切る場合には、自ずと従来型のメーカービジネスの戦略・商流・必要な組織や仕組みに近づいていくことになります。

ここからは、D2C を起点として事業拡張をしていく際のパターンや注意点について解説をします。

D2C チャネルを主軸にして展開する D2C ビジネスの事業戦略は、取り扱う商品点数や展開するチャネルの組み合わせによって最適化の考え方が変わります。次ページの図のように、売上を作るチャネルが広がることでアクセス可能な市場の大きさが変わりますが、直販かつデジタルの D2C チャネルのみで展開する際とは別の顧客性質が加わり、事業のコントロール性が変化していくためです。

事業モデルの参考としていくつか例を示していきます（図 4-5）。

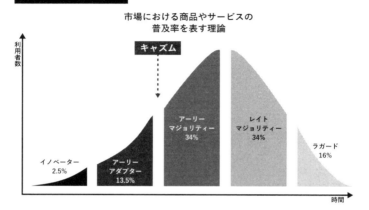

① D2C 特化型（商品点数：少）

［概要］ D2C チャネルのみに特化し、少ない商品点数のみで売上成長を狙うモデルです。このケースにおいては D2C チャネルに閉じる代わりに、プライシングやオファーモデルなど、全てを D2C チャネルでの売上利益拡大に特化することが可能です。

メジャーな戦略としては、定期販売やまとめ販売に特化し、1 商品でも繰り返し購入や購入単価向上によって LTV が成り立たせていくことに特化した戦略です。このモデルに戦略を最適化することで、1 商材で数十億という規模の売上実現も可能です。

［注意点］ シンプルな戦略であり売上を作るのに必要な在庫幅や仕組み・リソースの観点で効率が良いため、かつて大流行した D2C モデルです。その一方、参入障壁が非常に低く、独自化のための手段も少ないため各カテゴリ内で競争が激しくなってしまいがちです。

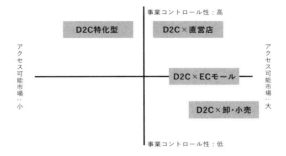

② D2C 特化型（商品点数：多）

［概要］ このモデルは D2C チャネルに特化しつつ商品点数の拡張によって顧客にとっての選択肢を広くして展開します。アパレルなど、商材特性として商品点数が多いことが前提となる場合は初期からこのモデルになる場合もありますし、ヒーロー商品を①のモデルで展開し、クロスセルを様々な商品で促進していくフェーズでこのモデルと組み合わせて展開していくケースもあります。

［注意点］ ①と異なり、定期販売などの LTV を稼ぎやすい販売手法のみに特化するわけではないため、より総合力が求められます。ただし、商品点数が多いため、戦略上の手段が広く取りやすいことがメリットです。D2C 特化の場合、①のモデルで複数ブランド・商材をそれぞれ個別に展開、① or ②から開始し①と②のハイブリッド型へ展開、といういずれかのパターンで拡張していくことが多くなります。

③ D2C ×直営リアル店

［概要］ EC の D2C 展開に、オフライン D2C である直営リアル店を組み合わせていくモデルです。実際に見て触って試すことが重要なブランドや商材、顧客接点をオフラインに拡張して事業成長を図る場合、このモデルを採用します。

従来型の店舗の収益（単月売上とコスト）の考え方ではなく、CPA

（＝顧客獲得コスト）と LTV（1 人あたり生涯購入）という考え方でデータを可視化・管理し、それらを D2C チャネルと合算で考えることで費用対効果も適切に見ていくことが可能になるでしょう。

[注意点] 当然ですが、物件などのリアルアセットを保有する必要があり、EC チャネルのみの展開と比較して「重い」準備が必要になります。また、デジタルのみでの展開と比較してマーケティングの機動性も低いため、店舗を構える物件の周辺情報調査なども非常に重要です。

④ D2C × EC モール

[概要] D2C 展開に EC モールでの出店・出品を組み合わせる事業モデルです。アクセス可能な市場の大きさは、「D2C 単独（自社 EC チャネル単独）＜モール型 EC ＜ オフライン」という順で大きくなるため、より大きな市場に順当に拡大していく考え方です。

　D2C を主軸に考えた際には、お買い物ニーズを持った顧客が日々大量に訪問する EC モールをうまく活用することで、D2C 主体のマーケティング活動を行う中で EC モールでしか購入習慣を持たない顧客をこぼすことなく拾う手段、新規の顧客接点を広く作り販売売上を得ながら商品認知を拡大する手段、D2C で購入済みの顧客が追加購入をする場面を拡大する手段、と捉えることができます。

[注意点] 第 2 章で解説した通り、D2C に最適化した販売と EC モール向きの販売は異なります。しかし、相互補完の関係性にもあるため、D2C と EC モールで持たせる役割や利用目的を絞った活用や、注力度合いを変えるフェーズの見極めをした上で進めましょう。その見極めを間違えると、単純に運用先が増えてリソース効率を悪化させるだけの結果になってしまうので注意しましょう。

⑤ D2C × 卸・小売

[概要] D2C 展開にオフラインへの商品卸・小売への展開を組み合わせる事業モデルです。小売の広い販売網を活用し、商品への接点を増加させながらブランド認知を高め、D2C チャネルでの獲得を組み合わせな

がら拡大するモデルです。③と同様にリアル接点が重要な商材や、購入
比率がリアルに寄っている商材に特に有効です。

　最もアクセスできる顧客数が多いのがこのモデルです。この市場の大
きさの差は、全国内の消費に占める消費比率が「自社 EC 購入比率＜
EC 全体購入比率（EC 化率）＜小売消費」の順になるためですが、小
売消費がこの規模になるのは、国内全エリアでの配荷率が高くなった場
合である点は注意が必要です。特定エリアや特定小売チェーンのみの取
り扱いの場合は、EC よりも規模が小さい場合もあり得ます。

[注意点] 注意すべき観点は④と似ており、自社で集客をして販売をす
る D2C チャネルのみでの展開ではなく、他社の販路を活用して販売を
するため、販路特性に合った商品になっているかが重要です。

　例えば、D2C チャネルに特化している際のプライシングだと小売で
は全く取り扱い検討外になる、商品に求められる要件基準が高い（消費
期限など）、WEB 用のクリエイティブがリアルでは最適ではないなど、
モノづくり視点だけでなくクリエイティブやプライシングなども含め
様々な観点で小売チャネル適格に変化させる必要があります。

　また、販売先も一般消費者ではなくあくまで卸や小売の流通担当者や
バイヤーという BtoB の取引相手になるため、適切な営業活動も必要で
す。この同時展開によるメリットとそれによる制約事項を前提として展
開を進めましょう。

　よく見られる対策としては、同ブランドでありながら D2C 展開向け
商品・プライシング・オファーと、卸・小売展開向け商品・プライシン
グ・オファーを分けて展開する方法です。

ここまで、D2C の事業モデルの例について取り上げてきましたが、ど
こからはじめてどう変化していくべきか、ということに正解はありませ
ん。例えば、この事業モデルの推移についてもいくつか例示をします。

化粧品ブランド A：①から開始し、①と②を組み合わせた事業モデルに
徐々に変化⇒売上が数十億のタイミングで④と⑤を同時期に開始。

ペットブランドB：「実際に試してみる」ことが新規購入に重要な商材で、お試し商品の販売では配送費が都度かかりコスト効率が悪かったため、⑤のモデルを採用し、新規顧客の商品お試し接点としてリアル販路を組み合わせながらD2Cをメイン販路として展開。

食品ブランドC：④のモデルで、様々な商品ラインナップとECモールの顧客基盤を活用し新規顧客接点はECモールで作りながらも、定期販売特化商品をD2Cチャネルで展開。

食品ブランドD：④と⑤を組み合わせたモデルで、ブランド認知を広げるためにマス販路でマス顧客に対して大規模に展開。広がったブランド認知や、商品お試し済み顧客に対してD2Cチャネルで定期販売に特化した獲得戦略を展開。

健康食品ブランドE：①のみで商品ラインナップを大きく増やすことなく数十億の年商まで成長。

アパレルブランドF：③のモデルで、リアル直営店とD2Cチャネルで、「新商品を数量限定で販売⇒在庫切れ次第で販売終了」を定期的なサイクルで繰り返し、リアル店舗の顧客接点を重視しながらもD2Cチャネルも活用することで、ブランド価値や希少性を維持しながらリアル店舗のみよりも広いターゲットに展開。

このように、事業モデルの選定や展開する順序に正解があるわけではなく、**何を目的に、どのチャネルを活用することを狙い、いかに各チャネルに的確に商品をアジャストするか、最終的にどの販路をメインの売上・利益の創出チャネルにするか**という考え方を基軸に、狙いを設計した上で事業モデルの展開パターンを検討していくことが重要なのです。

D2C の収益構造

D2Cの収益構造はユニットエコノミクスと、PLの2つの観点で考えます。前者は顧客1人あたりの経済性を示す指標です。それぞれシミュレーション事例を挙げて解説をします（図4-6）。

顧客の資産化が重要である D2C では、お客様 1 人あたりの経済性をユニットエコノミクスという観点でモニタリングします。大きくは売上LTV、販売原価合計、CPA で構成され、売上 LTV から販売原価合計と CPA を引いた数字が 1 人の顧客から得られる粗利の合計になります。これは、顧客獲得に必要な CPA をコストとして先行投資した場合に、その顧客から生涯得られる粗利を示します。

　D2C ビジネスでは、このユニットエコノミクスの成立している状態をまずファーストゴールとして目指していくことになります。この状態が維持できれば、あとは顧客数を増やしていくことで営業利益が黒字の状態を目指すことが可能になります。

　この状態で顧客数を増やしていき、顧客あたりの売上が積み上がっていくことで事業全体の売上が構成されます。そこから、人件費などの販売原価以外のコストがさらに引かれて営業利益になります。

4-6:D2Cの収益構造

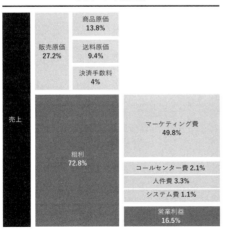

PLのコスト構造例

※事業進行期、年商約 6.5 億円のケース

ユニットエコノミクス例

※年間購入回数 3.7 回、
売上 LTV16,971 円のケース

D2Cビジネスの収益構造で着目すべきは、PLにおけるマーケティングコストの構成比の高さです。商品原価や配送費など、ECで売上を作り出すのに必須のコストは重く感じますが、この収益構造からも一目瞭然であるように圧倒的に重いのはマーケティングコストであり、その他のコスト負担は改善インパクトが限定的です。

　つまり、D2Cビジネスではこのマーケティングコストをいかに成果に変えられるかに全てを注ぐべきであり、ここが成果として適切に返ってくる状態を作れるかどうかが競争力の源泉として重要なのです。

　また、うまく進行しているD2CビジネスのPLにおける累積営業利益は、事業モデルに応じて2つのパターンに分かれます。

　1つ目がJカーブ型で、このPLパターンでは顧客獲得のためのCPA投資赤字が先行し月数経過によって急速に利益回収が進む推移を辿ります。Jカーブ型は主に顧客あたりの月次売上が安定的に発生しやすい定期販売主体のD2Cビジネスで採用されることが多いPLパターンです。

　もう1つは一般的なPLパターンで、CPA先行投資による赤字がなく月次売上に対して一定率の販管費が発生し、毎月利益が積み重なっていく推移になります。アパレルなど定期販売自体が導入されなかったり、定期販売が構成比として低かったりする場合にこのPLパターンが採用されます。ここであえて「採用」の言葉を使用しているのは、どちらのPLパターンを描くかで事業戦略の全体が変わるためです。収益構造も戦略を持って組み立てることで迷いのない事業成長を実現していきましょう。

4-7:D2CのPLパターン

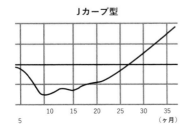

Jカーブ型

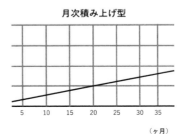

月次積み上げ型

事業ローンチ

事業の立ち上げ方で、
成功率を大きく変える

第5章では、D2Cビジネスをローンチする上でのマイルストーンと、各領域において立ち上げ時から押さえるべき原則について解説をします。

　第1章～第4章までで解説を進めてきた内容を念頭に、「D2C THE MODEL」に沿った事業運営の前提となる戦略与件を踏まえ、失敗率を最小化するローンチを実現するための要点に絞った解説を進めていきます。

　ここまでの内容を理解していることを前提として進めていくため、まだ第4章までの内容を読まれていない方は本章を読み始める前に読了することをおすすめします。

　さらに、私たち自身の実事業やコンサルティング業務の経験から、事業開始後の失敗につながりやすい要因を参考情報として列挙していきます。事業に関する参考情報は、前提が異なるために模倣が困難なので、再現性のない成功事例よりも、共通法則になりやすく事前に知っておけば対策可能な失敗要因の方が有益であることが多くなります。こちらもぜひ参考にしていただければと思います。

D2C の立ち上げマイルストーン

　D2Cビジネスの事業ローンチにあたっては、後戻りが効かない要素の優先検討や、D2Cビジネスに共通する課題への対策などを中心に、各プロセスでの要点を抑えながら、リソースの効率を考えて進行することが重要になります（図5-1）。

　D2Cビジネスの成否は、事業の始まり方とスピード感に多大な影響を受けると言っても良いでしょう。

5-1：D2Cのローンチマイルストーン例

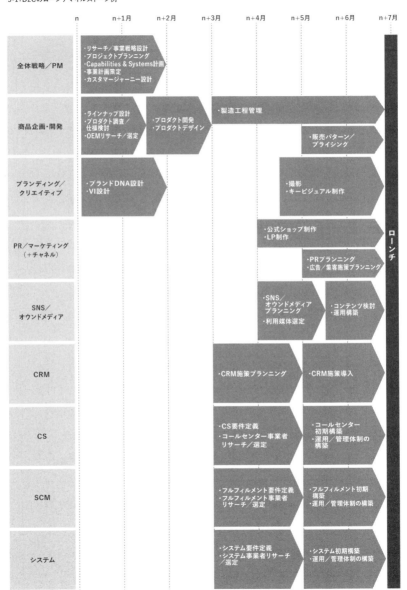

	n	n+1月	n+2月	n+3月	n+4月	n+5月	n+6月	n+7月

全体戦略／PM
・リサーチ／事業戦略設計
・プロジェクトプランニング
・Capabilities & Systems計画
・事業計画策定
・カスタマージャーニー設計

商品企画・開発
・ラインナップ設計
・プロダクト調査／仕様検討
・OEMリサーチ／選定
・プロダクト開発
・プロダクトデザイン
・製造工程管理
・販売パターン／プライシング

ブランディング／クリエイティブ
・ブランドDNA設計
・VI設計
・撮影
・キービジュアル制作

PR／マーケティング（＋チャネル）
・公式ショップ制作
・LP制作
・PRプランニング
・広告／集客施策プランニング

SNS／オウンドメディア
・SNS／オウンドメディアプランニング
・利用媒体選定
・コンテンツ検討
・運用構築

CRM
・CRM施策プランニング
・CRM施策導入

CS
・CS要件定義
・コールセンター事業者リサーチ／選定
・コールセンター初期構築
・運用／管理体制の構築

SCM
・フルフィルメント要件定義
・フルフィルメント事業者リサーチ／選定
・フルフィルメント初期構築
・運用／管理体制の構築

システム
・システム要件定義
・システム事業者リサーチ／選定
・システム初期構築
・運用／管理体制の構築

ローンチ

1
2
3
4
5
6
7
8
9

第5章　事業ローンチ

87

①全体戦略／PM（プロジェクトマネジメント）

[概要] 全体戦略や、プロジェクト管理全般に関するタスク領域です。リサーチを基にした事業戦略設計だけでなく、事業の目標・数字／KPI計画設計、スケジュール／マイルストーン設計、体制検討、使用する仕組みの検討、各種折衝など、事業全体に関する整理をメインタスクとして進行する領域です。

[押さえておくべき原則や前提] 本書1〜4章で解説した内容が成功率を最大化させる前提となりますので、それら全体を必ず押さえておくことを推奨します。

柔軟性やアジャイルを誤って解釈し無計画に進めることはもちろん駄目ですが、一度定めた内容を頑なに守りすぎることもNGです。計画時点では未知だった情報や、存在しなかった状態、進行してはじめて明らかになる事実などは必ず現れます。

事業進行の幹となる計画は定めながらも、その都度で新しく得られた情報や発見を計画に適宜反映し、必要に応じた軌道修正や計画修正を必ず行い進行しましょう。

①のタスク一覧

☑️ **リサーチ／事業戦略設計**：市場リサーチ、競合リサーチ、顧客リサーチなどで得られた示唆を基に、事業の全体のコンセプトや戦略を設計していきます。第4章の内容を必ず参照してください。

☑️ **プロジェクトプランニング**：設計した事業戦略を基にしながら、それらをいつまでに、どんな基本体制で、どう進行していくかをマイルストーンやスケジュールに落とし、プロジェクト全体設計を進めます。

☑️ **Capabilities & Systems 計画**：第4章でも解説したように、事業戦略の実現に必要な能力、体制、仕組みと、それらの構築方法や調達方法を計画します。この際に何を内製し、何を外注するかなどの整理

も行います。

- ☑ **事業計画策定**：事業戦略、プロジェクトプランニング、Capabilities & Systems 検討に、さらに数字計画を加え、全体の事業計画を策定していきます。

- ☑ **カスタマージャーニー設計**：露出〜訪問〜購入〜 LTV 最大化、という全体カスタマージャーを設計し、顧客の心理状態仮説を基にどのポイントで、どんな観点で各施策を打っていくのかを設計します。

②商品企画・開発

[概要] 商品企画をし、商品を製造可能な OEM をリサーチ／選定し、プロダクト開発を進めていくタスク領域です。また、フィジカルな商品だけではなく、必要に応じてサービスとの組み合わせによって自社ブランドにおける独自性の高い販売物を設計していきます。

[押さえておくべき原則や前提] 当領域は、「D2C THE MODEL」における「プロダクト／マーチャンダイジング」の一環を担います。最初にモノづくりを進めてしまうのではなく、必ず「マーケティング／チャネル」や「CRM ／ LTV」といった事業戦略全体の設計を優先して進め、その上であるべき商品の設計を進めましょう。

　モノづくりは後戻りが一切不可能で、D2C ビジネスローンチの全体スケジュールは商品発注から製造完了までのリードタイムに大きく依存します。そのため、戦略全体から商品企画・開発に落とし込み、製造開始に着手するためのスケジュールが全体のローンチスケジュールの長さを左右します。

②のタスク一覧

- ☑ **ブランドラインナップ設計**：事業戦略を基に、ブランドの全体ラインナップを設計していきます。単純に商品を増やしていくということで

はなく、どの商品がどんな位置付けを担い、どのような順序であるべきなのか、どこまで揃うとどんなマーケティング／チャネル戦略、CRM／LTV戦略が実現できるのかなど、ブランドやサービス全体がどう進化していくのかまで見据えた、プロダクト／マーチャンダイジング設計となるのが好ましいでしょう。

☑**プロダクト調査仕様検討**：開発を検討している商品について実際に市場に出回っている現行品をベースに調査を行い、実際にどんな仕様にしていきたいのかを検討していきます。検討している同商品カテゴリの調査はもちろんですが、他カテゴリではどんな商品が流行っているのかまで調査し、検討している商品カテゴリではまだ取り入れられていない仕様の参考にするのも有用です。

☑**OEMリサーチ／選定**：ベンチマーク商品や検討中の商品仕様が定まったら、その商品仕様で製造が可能なOEMを選定していきます。第2章に記載したOEMに関する前提理解を念頭に、主に商品品質・原価・MOQの観点で比較をしながら検討をしていきます。

　また、それら以上に重要なのがOEMの担当者の熟練度やコミット度合いです。商品製造管理が疎かになると、後に様々なトラブルを引き起こしますので、コストメリット偏重になりすぎず、総合的な観点でOEMパートナーを選定していきましょう。

☑**プロダクト開発**：選定したOEMへブランドコンセプトや想定商品仕様を明確に伝え、実製造可能な仕様を固めていきます。「製造可能なモノ」と「マーケティング上で伝えられる内容」はイコールにはならないため、ブランディングやマーケティング視点で強みとしたい要素が実現可否だけではなく、「その要素が消費者に伝えたい形で伝えられるのか」も必ずこの時点から事前検証をしてプロダクト開発を進めていきましょう。この観点で、自社が扱う商材やEC販売に関連する最新の法規制は必ずインプットしておく必要があります。

☑**販売パターン／プライシング**：プロダクト開発と並行しながら、販売パターン（都度販売と定期販売など）やプライシングなどを検討します。これらは商品原価によって大きく影響を受け、製造が開始してしまうと後戻りができないため、製造を開始して決定した原価をベースに後で検討するのではなくプロダクト開発の過程で経済条件を詰める中で一緒に考えていくことが望ましいでしょう。

☑**プロダクトデザイン**：商品製造工程で必要なプロダクト本体や外箱などのデザインを制作していきます。すでにある型にデザインを当てはめていく場合もあれば、金型代などの追加費用を出し、OEMが既存バリエーションとして用意していないオリジナルプロダクトデザインから開始することもあります。

☑**製造工程管理**：OEM選定が完了し、製造仕様や経済条件が確定し、デザインデータなど製造に必要な入稿物が揃ったら、実際の製造工程に入っていきます。商品を構成する製造物のバリエーションや、原料や素材の種類・調達状況によって完成品の納期が変わるため、完成品の納期を適切に把握しましょう。

　製造物によってOEMを分ける場合（例えば箱はA社、容器と中身はB社など）、複数のOEMと並行して工程管理が必要になるので、コストメリットと管理の煩雑さのバランスでどれだけ製造を分散させるかについても工夫の余地があります。

③ブランディング／クリエイティブ

[概要] 自社ブランドが独自のブランドアイデンティティを構築し、顧客に選ばれ続けるために、ブランディングやストーリー、クリエイティブの方向性を定めていく領域です。この方向性と商品／サービスが合わさって自社ブランドの独自性になっていくため、商品同様に非常に重要なタスク領域になります。

[押さえておくべき原則や前提] ブランディングとは、自社ブランドに様々な独自の要素を付帯していくプロセスです。また、クリエイティブはその主要な手段の一環です。つまり、ブランディング＝クリエイティブではないということです。

「何が自社ブランドを独自のブランドたらしめるのか（ブランドDNA）」「クリエイティブをはじめとして、その独自性はどのような表現で構築可能か（ビジュアルアイデンティティ）」といった位置付けで設計を進めましょう。

③のタスク一覧

☑ **ブランドDNA設計**：ブランドの核となるDNAを設計していきます。STPの観点をふまえて「このブランドはどのような存在であるのか・どんなストーリーをもち、どんな名前か」ということは最低限設計すべきですが、必ずしも全ての要素を最初から丁寧にまとめることに時間をかけすぎる必要はありません。

　ブランドターゲット、プロダクト・ベネフィット、ネーミング、タグライン、ブランドストーリー、ブランドパーソナリティ、ブランドビジョン・ミッション・バリュー、ブランドプロミス、トーンオブボイスなど、理想のアウトプットは多岐にわたりますが、**「独自性（アイデンティティ）の構築」** を主要観点として設計していきます。

☑ **VI設計**：ブランドDNAを基に、ビジュアルアイデンティティを定義します。ビジュアルコンセプト、タイポグラフィ、カラーパレットイメージ、ムードボード、ブランドガイド（スタイルガイド含む）、ロゴなどが関連タスクになります。

☑ **撮影**：VIを基に初期に必要な各種撮影を実施します。最低限必要な素材としては、キービジュアル用素材、プロダクト関連素材、マーケティング・プロモーション用素材、SNS用素材です。

☑**キービジュアル制作**：撮影した素材を元にキービジュアルを制作します。

④ PR ／マーケティング（＋チャネル）

[概要] 自社ブランドの露出量、来訪者数の最大化、来訪者の購入転換率の最大化、そして購入数を最大化することを目指してパフォーマンス追求をしていく領域です。この領域が CPA や獲得顧客品質を決めるため、D2C においてローンチ段階から練られた設計が重要な領域です。

[押さえておくべき原則や前提] PR やマーケティングはあくまで露出〜集客までを担うものなので、接客を通した販売最大化（チャネル設計）も必ずセットで検討しタスクを進めていきましょう。この領域については第 7 章を参照ください。

④のタスク一覧

☑**PR プランニング**：各種メディアに自社ブランドを取り上げてもらい、露出を獲得するための営業先メディアのリストアップ、各メディアに対して取り上げていただくためのフックとなる情報設計、その情報を作り出すための PR 施策の設計などを行います。

☑**広告／集客施策プランニング**：主に初期に売上を作っていくための paid、non-paid マーケティング施策のプランニングをします。特に初期はデジタルマーケティングを中心に運用媒体を広げすぎず、チャネル側の店舗設計と連動しながらゴールデンルートをまず確立していくことが重要です。

☑**公式ショップ制作**：D2C ブランドにとって旗艦店となる公式ショップを制作します。第 7 章で詳しく解説しますが、サイトの型は適材適所で使い分けて運営をします。

☑ **LP 制作**：販促目的に特化した LP 型サイトを制作します。購入率を最大化することに優れており、主に paid 型の集客手法に常に組み合わせて使用するサイト形式です。公式ショップが旗艦店だとすると、LP 型サイトは販売や成約に特化した出張店舗です。

⑤ SNS ／オウンドメディア

[**概要**] 自社の公式メディアとなる SNS やオウンドメディアの企画／設計をし、オーガニック集客や既存購入者との二次接点として構築していくタスク領域です。

[**押さえておくべき原則や前提**] SNS やオウンドメディアはフォロワー数や PV、UU などの数のみを KPI として捉えがちです。しかし実際は、「購入見込みの高い、新規・既存の見込み顧客数」の最大化を重視して自社ブランドにとっての位置付けを明確にし、そのための継続的運用をしていく必要があります。

⑤のタスク一覧

☑ **SNS ／オウンドメディアプランニング**：SNS やオウンドメディアについて、運用目的や方針を設計します。

☑ **利用媒体選定**：利用するプラットフォームやフォーマットを選定し、媒体別の目的を検討します。

☑ **コンテンツ検討**：運用プラットフォーム別の運用目的に応じたコンテンツ内容を設計します。

☑ **運用構築**：SNS ／オウンドメディアの運用体制やアカウントを構築します。

⑥ CRM

[概要] 一度購入した顧客のLTV最大化を目的として顧客の資産化度合いを高めていくためのタスク領域です。第2章で解説した通り、D2Cビジネスの成長可能性はLTVによって大きく変動します。ローンチタスク進行時には顧客獲得後の工程であるため優先度を下げられがちですが、必ず立ち上げ時点から設計をしておく必要があります。

[押さえておくべき原則や前提] CRMは「新規顧客獲得後の工程」と思われがちですが、一般的に購入回数、購入金額を引き上げることを目的としたCRM施策全般は「購入直後」であればあるほど効果が出やすい特性があります。なぜなら、顧客が商品を購入するに至るほど、その必要性を認識し、実際に購入するまでの心理状況に到達し、購入に至った最もホットなタイミングだからです。

　そのため、LTV最大化という意味でのCRM施策は、必ず新規顧客獲得前から施策を設計し導入しておく必要があります。

⑥のタスク一覧

CRM施策プランニング：カスタマージャーニー設計を基に、顧客の心理状態仮説に合わせたCRM施策を設計します。

CRM施策導入：設計したCRM施策の導入を進めます。CRM施策は導入時期が早ければ早いほど事業の生涯に渡って効果を発揮するため、特に主要な施策は可能な限りローンチ時点から導入準備をしておきます。

⑦ CS（カスタマーサポート）

[概要] 顧客に商品お届け後のサポートを実施するカスタマーサポート領域のタスクです。商品を直接顧客にお届けするD2Cにおいては、カスタマーサポートも直接行うことが前提であり、貴重な直接接点を担います。

［押さえておくべき原則や前提］ CS 部門は顧客との直接接点を担います。そのため、単純に問い合わせやクレーム対応の部門と位置付けるのではなく、顧客をより深く知り、自社商品やサービスの課題を発見することの中核を担う部門と位置付け、構築する必要があります。この位置付けを蔑ろにしてしまうと、D2C のメリットを損なう結果になりかねません。

⑦のタスク一覧

☑ **CS 要件定義**：自社ブランドの運営方針に合わせて CS の要件を定義します。主なポイントは、CS 対応窓口のリストアップ（電話、メール、チャットなど）、定期販売の有無、営業日や営業時間、取り扱う商材、スタッフの専任契約有無、アウトバウンド電話の有無、立地要件などです。

☑ **コールセンター事業者リサーチ／選定**：要件定義した条件に合うコールセンター事業者をリサーチし、候補を選定します。

☑ **コールセンター初期構築**：コールセンターの構築に必要な各種準備を進めます。選定したコールセンター事業者に必ずオリエンテーションを受けましょう。

☑ **運用／管理体制の構築**：CS 関連 KPI の管理体制や、ブランド側での運用マネジメント体制を構築します。

⑧ SCM（Supply Chain Management）

［概要］ 製造完了した商品を受け入れ、適切な環境で保管し、スムーズに出荷・返品運用を実施するフルフィルメントの仕組みや体制を構築するための領域です。

［押さえておくべき原則や前提］ 売上を作るために、必ず出荷作業が発

生するサプライチェーンの部門は、事業全体の利益率へ直接の影響が強いところです。また、品切れ、出荷遅延、返品発生はキャッシュフローへの影響も強いため、出荷時対応だけではなく、在庫管理・発注運用の段階から整備された管理体制が必要になります。

⑧のタスク一覧

☑ **フルフィルメント要件定義**：自社ブランドの運営方針や取り扱い商材に合わせてフルフィルメントの要件を定義します。主なポイントは、取り扱う商材の在庫量と幅、特殊在庫保管要件の有無（定温、冷蔵冷凍など）、特殊梱包・特殊配送要件の有無（ギフトなど）、オリジナル資材の有無、同梱物の有無、発送対応日やお届けリードタイム、定期販売の有無、立地要件などです。

☑ **フルフィルメント事業者リサーチ／選定**：要件定義した条件に合うフルフィルメント事業者をリサーチし、候補を選定します。

☑ **フルフィルメント初期構築**：フルフィルメントの構築に必要な各種準備を進めます。選定したフルフィルメント事業者に必ずオリエンテーションを受けましょう。

☑ **運用／管理体制の構築**：フルフィルメント関連 KPI の管理体制や、ブランド側での運用マネジメント体制を構築します。

⑨システム

[概要] EC サイトを実装し、運用していくための基盤となるシステム準備の領域です。EC サイトにとってシステムは「実現可能なことや質」を定める事業基盤になるため、非常に重要な領域です。

[押さえておくべき原則や前提] EC にとって、システムとはリアル店舗で例えるところのテナント物件になります。リアル店舗にとってテナ

ント物件の質や設備は、店舗のお買い物体験、運用品質や効率など、「中長期的に売上・利益を成長させるための良いお店づくり」のために必要な全ての実現性を左右します。ECにとってのシステムも同様で、ECで売上・利益を成長させ続けるための店舗の設備インフラは利用するシステムによって左右され、リアル店舗にとってのテナント物件よりもさらに事業基盤としての位置づけが強いでしょう。

⑨のタスク一覧

☑**システム要件定義**：自社ブランドの事業戦略や取り扱い商材に合わせてシステム要件を定義します。システム選定のポイントは、多岐にわたるため、第9章「システム」にて詳細を解説します。

☑**システム事業者リサーチ／選定**：要件定義した条件に合うECシステムをリサーチし、候補を選定します。

☑**システム初期構築**：システム構築に必要な各種準備を進めます。選定したシステム会社に必ずオリエンテーションを受けましょう。

☑**運用／管理体制の構築**：EC運用関連KPIの管理体制や、ブランド側でのショップ運用マネジメント体制を構築します。

D2C事業の「後戻り不可リスト」

　D2C事業は素早いPDCAによって短期改善を積み重ねながら事業成長を狙える事業です。しかし、ローンチ後に後戻りが困難な落とし穴になり得る事項がいくつかあります。以下に特にローンチ後の後戻りが難しい事項をピックアップしてまとめましたので、事業ローンチ時点での考慮事項として参考にしていただければと思います。

[市場選択] 参入市場、コアターゲット設定、ターゲット課題設定など、実際にプロダクトやサービスを作っていく大元となる事項が曖昧であった

り大きく実態と異なったまま進んでしまった場合、全体戦略に大きく影響しプロダクトを作り直す必要すら発生する可能性があります。

[プロダクト] プロダクトは D2C ビジネスにおける様々な戦術の幅を決めますが、一度製造を走らせたら止めることはできません。必ずまず全体戦略の設計を進め、法律や各種関連規制などで描いているマーケティング戦略に実行制約がないかなどは必ず確認の上で製造を進めましょう。例えば、製造開始後にメイン訴求にしようとしていた機能上の強みが薬機法の制約で訴求できないことが後でわかった、考えていたオファーやプランが景表法の制約で採用できないことが後でわかった、といったことが非常に多い事例です。また、唯一無二のプロダクトが開発できそうだと考えていたが、実はすでに強い競合プロダクトがあったといったリサーチ不足によるトラブルもありがちです。

[メイン販売チャネル設定] プロダクト仕様、適したマーケティング戦略、プライシングや販売オファーは、メイン販売チャネルをどこに設定するかで適切なあり方が大きく変わります。このメイン販売チャネル設定と、それに紐づくマーケティングミックスの内容にズレがあり販売がうまく進まない、ということも非常に多い例です。このメイン販売チャネルと適したマーケティングミックス設計も後戻りが難しい要素です。

[システムとデータ] 事業成長してから EC システムを移行しようとする場合、大きなコストが発生します。さらに、移行元システムによっては顧客データや決済関連データなど重要な事業資産が移行不可能で捨てざるを得ない場合すらあります。また、そもそも EC にとってシステムは店舗の質や戦略の幅を決める重要な事業基盤であり、システム選定を間違うと本来であればうまくいったはずの事業が全くうまくいかないということも多くあります。こういった致命的なトラブルを避けるためにも、D2C 事業を運用するためのシステムは単純なコストではなく、事業成長に対するコストパフォーマンス、将来拡張性、データ移行可否といった観点で慎重に

選定をしましょう。

[各種 EC 関連業務契約] D2C 事業の開始の際、多くの事業者にとって関連領域の一部に知見が少ないという状況は発生しがちです。こういった状況において、知見がないからといって様々な業務契約を雑に進めてしまい、あとでその契約は不要だったことに気づくことは珍しくありません。無駄なコストを発生させてしまわないためにも、知見がない領域については様々な業界内パートナーとの広い関係性を有する事業者からパートナー紹介をしてもらいながら、まず知見の習得を進め、適切に必要性や質を見極められる状態になってから必要な契約を進めていきましょう。

[P2C ブランド] P2C は影響力の高いインフルエンサーにブランドコンセプトをマッチさせ、そのインフルエンサーを推進力にして事業成長させていくブランドの形です。そのため、マーケティングについてそのインフルエンサーへの依存度が非常に高い点には注意をしましょう。フォロワーは多いが実はそのインフルエンサーはモノの購買において参考にされていない肖像だった、事業開始後にインフルエンサー個人に関するリスクが明るみになったなど、事業の根幹に影響するケースが少なくありません。

　フォロワーが自身の課題解決やライフスタイル向上において参考にしているモノを売れるインフルエンサーであるか、そのインフルエンサーのフォロワー特性にあった商材開発をしているか、そのインフルエンサーによる発信に依存しないマーケティング戦略が組めるかなど、「事業をブーストさせるメリットは享受し、想定されるリスクには適切に対策をして成り立つ戦略」を必ず事前検討した上で進めましょう。事業の加速装置にもブレーキにもなり得るのが P2C の特性です。

▎D2C ビジネス失敗要因 25 選

　D2C ビジネスローンチの全体感を理解いただいた後は、失敗の要因になりやすい事項を複数の関連領域に分けて解説していきます。D2C ビジネスが"コケる"際には必ず似通った理由があります。可能な限り失敗要

因になり得る事項や状態を事前に把握し、「ローンチ時点で失敗すること
が決まっている」事業にならない立ち上げを心がけましょう。

戦略／ファイナンス

①計画用に作成した PL が事業構造として破綻している

- 特にマーケティング費（CPA）や LTV が達成し得ない数字になって
  いる、必須コストが織り込まれていないなど、「計画のための計画」
  になっているケースが多くあります。
- 悲観的に計画を立てる必要はありませんが、達成可能な数値計画を心
  がけましょう。

②情熱を持った担当者がいない、コンサル頼りの事業推進体制

- 外部事業者に運用を預けきっている D2C 事業に成功はあり得ません。
- 常に内部の関与者が一番広く深い情報を把握し、課題に対して頭をひ
  ねる必要があり、成功に向けた情熱を持ってチームを動かすことが必
  須です。

③成功企業の表面だけをマネしてしまう

- 他社の表面的な要素だけを切り取り、マネをしても決してうまくはい
  きません。特に情報元がメディアの場合、綺麗な側面のみ切り取られ
  て表に出がちです。
- 他社の成功事例を参考にする場合も、なぜそれが成功しているのかを
  「D2C THE MODEL」にも照らし合わせながらその成功要因が論理
  的に理解できた場合や、担当者から一次情報として成功要因も含めた
  情報を得られる場合のみに限定しましょう。

④こだわりが「売上を上げる」ためではなく、「感性や感情（自己満足や美学）」に向いている

- 細部にわたるこだわりは非常に重要ですが、事業のこだわりは「こう
  したい」ではなく「成果を上げるためにこうすべき」という目的に集

約しましょう。

- 特にD2Cビジネスを始める際には、意識が芸術的なクリエイティビティや従来型のメーカービジネスに対する反発などに過度に向きがちなケースが見受けられることが多いため注意しましょう。

⑤何を強みとする事業か、なぜ市場で独自性を発揮して生き残っていけそうなのかが定義できていない

- D2Cビジネスは最終的にマス市場を見据えながらも入り口としてはニッチなターゲットから市場に入って効率よくグロースしていく事業進行が理想的です。
- その初期ターゲットを獲得するにあたり、自社事業や商品の強みを明確に定義できる状態にしておきましょう。整理については本書のHow to winの考え方についても参考にしてみて下さい。
- また、強みは「マーケティング or CRM ／ LTV に関する強み」＞「プロダクト／マーチャンダイジングに関する強み」＞「運用／コストに関する強み」の順で望ましいです。

⑥D2Cビジネスの事業戦略、事業モデル、KPIのつながり、グロースプロセスなどの基本理解がないままノリで事業を開始してしまう

- D2Cビジネスは「自由に商品を作って売れる」というビジネスではありません。商売やECに共通する考え方にD2Cならではの考え方をかけ合わせて、効率的にビジネス拡大を進めるための手段です。
- また「出してから結果を見て色々と判断をしよう」と、デジタルのPDCAの回しやすさを、必須情報やノウハウの学習や周到な事前検討をしない免罪符として使ってしまうケースも多く見受けられます。

プロダクト

⑦製造単価を気にして初期在庫を作りすぎてしまう／初期から商品ラインナップを作りすぎてしまう

- 事業開始初期から在庫リスクを上げてしまうことは、事業の機動力や

ピボット力を損なう結果になりがちです。

- 開始初期はなるべく少品種少量生産を重視しましょう。売り切れても受注が可能なのが EC であり、売り切れ状態さえもマーケティング施策にしてしまえるのがデジタルマーケティングです。

⑧「プレミアム」を履き違え、オーバースペックで原価が高い明らかに顧客の価格相場感覚と外れた商品を作ってしまう

- 「プレミアム」は同カテゴリ商品の市場浸透率が高くすでに一般化している商材、情緒性が購買要因として強い商材などでしか成り立ちづらいポジショニングです。
- 「プレミアムな商品を作る」というのは D2C ビジネスでよくある差別化方法ですが、ただ高単価なものを作ることが目的にならないように注意しましょう。

⑨何も特徴のない商品、競合との差別化の工夫がない商品を作ってしまう

- 競合と差別化がなされていない商品はリアルでも WEB でも販売が困難です。
- 商品スペックに限らず、必ず自社商品ならではの特徴を付帯しましょう。その特徴が競合には模倣が困難であればなお良いでしょう。

⑩商品のみで戦おうとしてしまう

- 第 4 章で解説した通り、D2C では市場内で選んでもらい続けるために、様々な要素を組み合わせた独自性を発揮することが重要です。商品力が高ければ売れるということではなく、また商品力のみに依存した売上は他社による模倣によって容易に置き換えられてしまいます。

  マーケティング施策やチャネル設計、CRM ／ LTV 施策、EC 運用品質など、持続的な売上成長につながる要素の 1 つとして商品力を高めていきましょう。

⑪継続性のない商品、単価が低すぎる商品を作ってしまう

・LTV は、年間商品カテゴリ内消費量、商品満足度、価格に強く影響されます。特に D2C チャネルでの販売は「継続性の高い商品の繰り返し購入で LTV が稼げる」「高単価でコストの一発回収が可能」というマネタイズ特性を持った商材が向いています。

　あまりにも一般的な年間消費量が低いカテゴリに属する商品、かつ一般相場が安価な商材を主力商品にするのは避けましょう。

⑫商品原価率が高すぎる

・粗利率を計算した際に 6 〜 7 割を切る場合は原価率が EC 販売に適合していない可能性があるため注意しましょう。

・ただし独自の強み構築によって購入率や LTV を高めることを目的として原価率を上げるのであれば許容が可能です。D2C では独自性のための商品原価は、マーケティングコストの一部として考え得ます。

マーケティング

⑬集客施策や新規獲得施策にばかり目が向き、既存顧客の再購入・購入単価向上に目が向かない

・D2C での新規獲得は非常に重要ですが、同じように重要なのが LTV です。

・新規顧客獲得をしてから、どのように獲得済み顧客の LTV（購入回数・購入単価）を上昇させていくかも必ず事前設計の上で新規獲得活動をしていきましょう。また、この設計は購入直後の顧客が最も心理的に追加意思決定が緩くなっているタイミングから設計していく必要があります。

⑭内容を詳しく理解できていないまま、流行りの施策にお金をかけてしまう

・流行りの施策は、特定条件下でしか効果がなかったり、広く知られるようになったりする頃には初期実行者だけが得られるボーナスタイムが終わっているということが多くあります。

・流行施策はそれがなぜ上手くいっているのか、今自社にとって再現性があるのかを理解した上でチャレンジしましょう。

⑮売ることは広告代理店の仕事と考えてしまっている

・販売を広告代理店に任せてしまうのは典型的な失敗パターンです。
・広告はECの販売プロセスのうち、露出と集客しか担っていません。商品力、チャネルのCVR、LTVなど、その他売上に強いインパクトを持つ部分に自社でコミットを持った上で広告代理店の集客力を頼りましょう。

⑯「テストをしてデータ分析をする」ことが目的になっている

・「まずはテストをしてみる」ということはデジタルではよく便利に使われがちです。テストをする内容について考え抜かれていないケースも多くあります。
・突き詰めて考えた複数パターンを試すのが本当のA／Bテストであり、「最小リスク・コストでのテスト」ではなく「まともに施策が成り立つ最低ラインでのテスト」がミニマムテスト、ということを忘れずテストやPDCAを回しましょう。

⑰鉄板施策を網羅的に導入してPDCAを回し切ることより、たまたま見かけた新しい施策を重視してしまう

・ECは黎明期から積み上げられてきた集合知や鉄則が非常に重要です。うまくいっているどの事業も実施していること、昔も今も実施されていることや重視されている考え方などの網羅的な取り込みが何より重要です。
・たまたま目にした成功例などに過度な期待をせず、鉄板施策を磨くことを重視しましょう。

⑱送料を可能な限り下げる工夫を入れていない

- ・ECで売上を作るために切っても切り離せないコストが送料です。商品・梱包形態の設計時は可能な限り低コストで配送ができる工夫をあらかじめ考慮しておきましょう。
- ・特に、ECにおけるポスト投函便は、商品受け取り率向上・配送コスト低減と、2つの点で大きなメリットのある配送手段です。可能な限りポスト投函便の規格に合う配送形態を目指しましょう。

⑲なんでも内製／外注してしまう

- ・第3章の通り、外注と内製はうまく使い分ける必要があります。
- ・全てを内製・外注にしてしまうのではなく、ルーティンワークはうまく外注化・自動化、事業のコアになる改善・ディレクションは必ず内製にし社内に知見が貯まる体制を重視しましょう。

⑳顧客の意見に耳を傾けない

- ・顧客の生の声は、例え大量かつ整備された集計データではなく一通のメールだったとしても、ハッとする事実やインサイトに気づかせてくれることが多くあります。
- ・D2Cでは、必ず定期的に顧客の声を集められる体制を整えましょう。N1に直接接触できるのがD2Cの醍醐味でもあります。

㉑配送箱や化粧箱や同梱物など、商品本体以外に原価をかけすぎてしまう

- ・「unboxing体験（商品の開封体験）」が一時期海外D2C事業者の成功要因の1つとして広まったこともあり、「良い箱や梱包状態」を作ることがD2Cでは必要と誤認されていることがあります。
- ・商品本体以外の原価については、自社商材の価格帯から妥当なコストかを見極めましょう。

**㉒商売（マーケティングメッセージやセールスライティングなど）より
も、芸術（世界観やグラフィック）重視でサイト構築をする**

・ECは表現やアートではなく商売であり、ECサイトは美術館ではな
く販売店です。

・顧客に伝わらないテキスト・グラフィック表現は可能な限り避け、
「顧客の興味関心を引き、ニーズを作り出し、購入必要性を説得する」
ことを重視し全ての表現を積み上げましょう。顧客に自発的な理解を
強いることは商売においては悪です。

**㉓ブランディングが目的になっている、ブランディング＝クリエイティブ
にお金をかけることと勘違いしている**

・ブランドはブランディングを目的にすることで出来上がるのではな
く、一貫したアクション、表現、コミュニケーションの結果で時間を
かけて蓄積される事業資産です。予算をかけた品質高いクリエイティ
ブを一度出すことがブランディング強化の手段ではありません。

・また、ブランディングは「こんな固有で共通の要素がある」という顧
客認識を強め、他社ではなく自社で商品を買ってもらう選択率を高め
るための手段の1つです。

・「ブランディングのため」ではなく、「この要素に関する顧客認識を強
めることで購入率を高めるため」など、KPIやKGIまでつながる目
的意識を持ちましょう。

**㉔店舗（ECサイト）の購入動線を疎かにしている／顧客接点やシーンに
応じたサイトの型の使い分けができていない**

・ECサイトの購入導線はリアル店舗と同じように具体イメージをして
離脱（退店）ポイントが最小化されるよう注力しましょう。ECサイ
トの購入導線次第で、マーケティングやプロモーション活動のコスト
効率は数倍～数十倍変わります。

・ずさんな店舗（ECサイト）設計でコストを垂れ流しにしないために

も、必ず EC サイトの品質を高めてからマーケティング費を増加しましょう。

㉕「予算がないから、まずは無料のシステムで」

・EC は売れなければ売れないほどシステム以外の固定費・マーケティング費が無駄にかかり続ける特性を持っていますが、これを明確に認識している事業者は多くありません。

・また、EC にとって売上や利益を上げるための手段を決める EC システムは店舗設計のインフラであり事業基盤です。「サイトを立ち上げて表示する」システムではなく、「再現性ある売上成長を実現する店舗構築」のための機能を持ち合わせたシステム選定を推奨します。

第 **6** 章

プロダクトとマーチャンダイジング

独自性高く磨き上げた商品や体験を、
利用アクセス性を最大限高めて提供する

D2C ビジネスの手段の幅と質を最大化する

　第6章では、「D2C THE MODEL」の「プロダクト／マーチャンダイジング」プロセスについて解説をしていきます。このプロセスでは単なる商品開発に閉じず、組み合わせるサービスやオファー開発などを通して、「マーケティング」「チャネル」「CRM ／ LTV」の各プロセスにおける手段の幅と質を最大化する目的で活動をします。

　マーケティングやCRMで実行できることは、商品企画の段階から決定されるため、当プロセスを通して集客・売上・利益獲得手段の増加が重要視点です。

　当然、むやみやたらに増やすことは難しく、手段の増加にはコストを伴うので、「ROIが合う状態で事業成長のための手段を増やす」ことを軸に追求していきます。

　増やしていく手段の方向性は次の通りです。

①マーケティング／チャネルプロセスに影響するもの
[露出獲得手段] 商品やサービスの工夫によって、露出を担っている拡散者の関心を引き露出量を増やす。
　ex. 話題性のある成分を高配合したプロダクトを開発することで美容インフルエンサーが積極的に紹介をしてくれやすくなり、SNSでの露出が増えるなど

[UU獲得／ CTR向上手段] 商品やサービス、関連するクリエイティブの工夫によって、顧客の興味関心を引きサイト訪問者を増やす。
　ex. 多くの顧客が深く悩んでいる課題の解決に強みを持った商品を開発し、その解決策を訴求できるようになることで広告露出のクリック率が上がるなど

[購入者獲得／ CVR向上手段] 商品やサービス、顧客にそれらを見せて

いくジャンルや棚割り設計の工夫、それらを販促するためのオファーやプラン設計などによって、顧客の購買意欲を高め購入者数を増やしていく。

 ex. 特別なオファーを設計し顧客へ訴求することで、顧客の購入意欲を強く高められ CVR 水準が上がるなど

② CRM ／ LTV プロセスに影響するもの

[LTV 向上手段] 新商品開発、見込み LTV が高いオファーやプラン設計、アップセルやクロスセルが発生しやすい棚割り設計などによって、顧客の購入回数や購入単価を上げやすくする

 ex. 単体販売をしていた美容液の定期便オファーを設計し販売を強めることで、LTV 水準が引き上がるなど

 このように、「プロダクト／マーチャンダイジング」プロセスは、**「良い商品を開発する」という単純なプロセスではなく、商品開発、オファー設計、新サービス開発などを通して、その他の全体プロセスで実行できる手段や施策の幅を最大化するもの**と捉えます。まずは当プロセスでの施策種別について説明し、順次このプロセスで重要になる考え方やあるべき進め方について解説をしていきます（図 6-1）。

● 商品企画／開発

 販売する商品の企画をし、開発を進行する活動全般です。当領域ではじめにイメージされる活動でしょう。自社工場や R&D 機能を有していない限りは、基本的に OEM を活用して自社商品の開発を進めていくことになります。

● 商品調達／仕入れ

 オリジナル商品を開発するのではなく、すでに存在する商品の取り扱い交渉をし、仕入れることで自社にない品揃えを補う活動です。**「D2C はオリジナルブランドのみを取り扱うべき」という決まりはなく、品揃えを増やすための有効な手段ではある**ため、ケースバイケースで活用します。

6-1:D2C THE MODELにおけるプロダクト・マーチャンダイジングプロセス

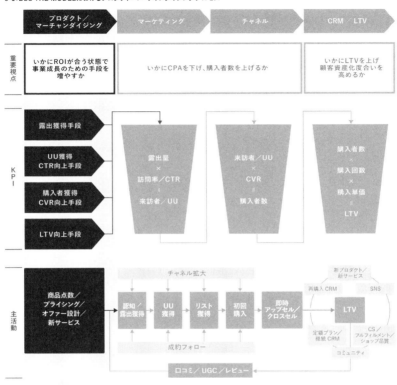

商品開発	WEB広告	自社サイト	新商品開発
商品調達／仕入れ	検索	直営店舗	新オファー／新プラン開発
販促情報設計	バイラル／SNS	卸／リテール	CRM
ジャンル設計／棚割り設計	クリエイティブ／コンテンツ	EC-PF	SNS
プライシング	認知広告／純広告	ポップアップ	PR／イベント
オファー／プラン開発	PR／イベント	越境	ロイヤリティ施策
在庫コントロール	直接コミュニケーション	BtoB／法人販売	コミュニティ

これはオリジナルブランド商品と仕入れ品を同じ売場に並べるセレクトショップと同じ考え方です。一般認知度の高い商品はそれ自体が集客手段になったり、購入率を上げたりするための手段として活用できます。逆に仕入れ品を中心にしてまず顧客を掴み、徐々に利益率の高い自社ブランドを出していく順序で進めているのがリテールのPB（プライベートブランド）です。

● 販促情報設計

　販促を行うにあたって、自社商品の情報を取りまとめ、販促に活用しやすい状態に設計していく活動です。ここでの情報とは、名前・ジャンル・展開されている販路・プライシングやオファー・原料や成分情報・機能情報といった商品の基礎情報だけを指しているのではありません。

　背景にあるストーリーやコンセプト・実績・解決する顧客課題・ポジショニング・強みや推奨ポイントなど、顧客に向けて認知を広げてニーズを作り出し、購入決断のために活用できる情報を全関与者が参照できる状態を目指します。

　ここで重要になるのは、内部と外部の事業関与者が常に参照でき共通理解を作れていること、時間経過とともに変化する情報が常にアップデートされていることです。

● ジャンル設計／棚割り設計

　売り場のコンセプトやジャンル設計、販促企画や特集、レイアウトや魅力的な見せ方、クロスセルやレコメンドなど、顧客がある商品を起点にその他の商品を見つけやすく追加購入をしたくなる工夫を考え整理する活動です。

　ここでは、魅力的な売場づくりで顧客の関心を引き購入促進をすることに比重を置きます。ECの場合は、サイト全体の購入導線、カタログページ、特集ページなどがこれらの整理の主要なアウトプット場所になります。

● プライシング

商品の基本プライシングを定めます。マスに向けた大量生産を前提としない製造体制、かつ既製品との価格比較がされづらいD2Cでは、プライシングの自由度は高くなりますが、原価が下げづらいという要件を前提にプライシングを定めていくことになります。

マスチャネルとは異なり売り場での横比較が発生しづらいD2Cでは価格基準を下げることがそのまま売上インパクトにつながるわけではありません（販促用の割引オファーなどとは異なります）。

したがって、**D2Cのプライシングでは、「いかに一般基準以下に価格基準を下げられるか（安価にして販売量を上げる）」ではなく、「どんな要素や価値を付帯させれば、購入習慣がない販路でわざわざ購入いただけるか（顧客にとっての提供価値を高める）」という発想を起点にする方が重要です。**

● オファー／プラン開発

オファーとは「提案」を意味し、顧客が成約時に得られる商品・サービス・割引・特典などの組み合わせを指します。同様に、プランも類似の意味を持ちます。具体例としては、送料無料、返金保証、初回半額、トライアル価格、分割払い、もう1品プレゼント、毎月届いてオトクな定期便などが該当します。

オファーやプランには、顧客の最終的な購買意思決定を促す役割があります。「顧客のニーズを高め、購入に至っていただく」重要性が高いD2Cチャネルのマーケティングにおいて、非常に重要な役割を担います。また、オファー・プランといったサービスを組み合わせた発想でマネタイズ方法を工夫することで、プロダクト単体の販売では作れない顧客メリットが上がり、事業インパクトにもポジティブという両者にとって良い取引を作ることができます。

サイトに訪れ、興味関心を持った顧客の**「買わない理由をなくし、買っていただいた後に適切に収益が上がっていく状態」を事業者利益として確保しながら作る**のがオファー・プラン開発の最上位目的であり、D2Cの

マーケティングやCRMの成果はこのオファー・プラン開発の秀逸さに大きく左右されると言っても過言ではないでしょう。商品が顧客にとってコモディティに映り、離脱される結果にならないためには、魅力的なオファーの設計力が欠かせません。

● 在庫コントロール

マーケティングやCRM計画、展開しているオファーやプランに合わせて、適切な在庫コントロールをし、販売機会ロスを最小化します。ただし、D2Cにおいては品切れというのは、即機会損失にはなりません。予約受注によって販売機会を最大化する、「販売可能在庫があと3点」という表示で顧客の購入意欲を高める、品切れ状態時に獲得した入荷待ちリストに入荷案内を流す運用を繰り返すことで商品の希少性を高めるなど、マーケティングやCRMの手段として在庫コントロールが活きる側面もあります。

D2Cのプロダクト／
マーチャンダイジングの考え方

続いては、このプロセスでどんな考え方を基に活動していくべきかをご説明します。この考え方は、当プロセス内での各施策・整理・設計の工夫によって「ROIが合う状態で事業成長のための手段を増やす」ための前提になります。

この前提となる考え方を分かりやすく①チャネル、②プロダクト／サービス、③マーケティング、④価格の4Pの区分に沿って、マスチャネルの考え方と比較しながら整理していきます（図6-2）。

またここにおいても、第4章で触れた弱者（D2C展開メーカー）が強者（マス展開メーカー）に負けないためのランチェスター戦略の要点をおさらいした上でぜひ読み進めてください。

チャネル	マスチャネル	D2C
プロダクト/サービス	生活必需 × 単一商品の品揃え	課題解決、自己実現、欲望充足 × プロダクトとサービスの組み合わせ
マーケティング	認知、第一想起 × 配荷率(入手容易性)	集客 × CVR(顧客ニーズの創出度合い)
価格	相対	絶対

①チャネル

　メイン展開するチャネル特性の違いは、②のプロダクト/サービスの考え方に直接的な影響を与えます。ここではこの販路の違いとして、メイン販路をマスチャネル(マスチャネルで大衆向けに展開することを前提とした考え方)と、D2Cチャネル(特定のセグメントターゲットに向けた展開から開始することを前提とした考え方)とした場合で、その他の考え方の違いについて比較をします。

②プロダクト/サービス

　マスチャネル向けの場合、プロダクト開発は多くの生活者にとって年間購入数や頻度の基準が定まっている生活必需品に分類される商材(ハンドソープや肌着など)を中心に発想をします。そのような特性の商品を中心に、様々なラインナップを揃えて取り扱い販路を増やし、総販売数やジャンル内シェアで競います。

　D2Cチャネルをメインに展開する場合のプロダクト開発は「顧客課題解決 or 自己実現 or 欲望充足」に置き、独自性の高い開発を目指します。
　顧客課題解決とは、文字通り「顧客が生活の中で抱えている深い悩みの解決」を指します。例えば、肌が綺麗になりたい、スタイルが良くなりたいなどです。

自己実現や欲望充足とは、「解決すべき課題ではないが、生活者の心理欲求を満たすこと」を指します。例えば、希少で美味しいものを味わってみたい、社会的に認められたい、モテたいなどです。

　これらに共通するのは「生きるために必須ではないが、人生をより豊かにするためには必要」ということです。買い物を目的として顧客が訪れるマスチャネルの売り場ではなく、インターネットで突然出会うところから接点が始まる D2C では、「ニーズを作り出す」ことが第一の壁になるため、このような課題や欲求に対して訴求できるプロダクトはデジタルマーケティングとの基本的な相性が良いのです。

　D2C で独自性を発揮するには、この解決すべき課題や満たすべき欲求の設定、その手段としてのプロダクトとサービス、という組み合わせの妙が求められます。「D2C ブランドではブランドオーナー自身の原体験が重要である」というのは、プロダクト／サービスの開発者自身がこの顧客の課題や欲求への理解が深い可能性が高いことに起因します。

　また、プロダクト単体ではなくサービスの工夫も組み合わせた観点（前述のオファー・プラン開発）で発想をすることで、マネタイズをしやすい販売モデルの構築が可能です。「自由な発想で好きなものを作る」ではなく、こういった顧客のニーズや欲求を満たすことと、事業者の持続的な収益創出の間を取る発想からプロダクト開発をする必要があります。

　これによってはじめて**「ユニークなプロダクト発想の自由度が高く、チャネルに手段が依存しない」**という D2C のメリットを得ることができるのです。

　このメインチャネルの違いによるプロダクト開発のあるべき方向性を考慮せず、マス展開向けの特性を持った商品をそのまま D2C チャネルで販売しようとするケースがよくありますが、チャネル相性が悪い状況では良い成果を生みようがないということがよくあります。

③マーケティング

　マスチャネルでのマーケティングは、販路拡大により配荷率を高め入手容易性を高めた上で、認知を拡大し、第一想起を取ることが勝ち筋になります。とてもシンプルに捉えると、「顧客が商品を知っていて、すぐに見つけて買える状態」を最大限高めるということです。これは何十年も歴史がある伝統的なマーケティングスタイルです。

　また、この「認知拡大向けの広告やプロモーションに大規模投資をしている」という事実自体が、販売チャネル側であるリテールの購買者（バイヤー）向けの営業素材になり、取扱量を増やし配荷率を高めることに直接つながっていきます。消費者への販売が主な役割であるリテールにとって、品揃えの魅力は店舗の魅力に直結するため、誰もが知っている商品や目立つ商品を取り扱いたい意向が常にあるからです。

　一方、D2C チャネルでは認知拡大をしても一切売れないことは珍しくありません。なぜなら、リテールや EC プラットフォームといったマスチャネルと異なり、**D2C チャネルは消費者の普段の生活圏内に存在するものではないため、商品を見たことはあっても売り場を訪問することがない**という状態にあるからです。

　D2C チャネルでは、認知ではなく、来店者を増やすための店舗集客と顧客接点の中で商品に対する顧客ニーズを高めることがマーケティング活動の中での比重が大きいのです。そしてこの「顧客ニーズの高めやすさ」も展開するプロダクトによって大きく変わります。

④価格

　マスチャネルでは、様々なメーカーの商品が同じ売場で横並びになり競い合います。この状況では、価格の優位性は購買決定に強い影響を与えます。また、商品ジャンルや店舗における「価格相場」から大きく外れた商品は、消費者に選ばれる可能性が低くなるどころか、直接の購買者であるリテールに取り扱ってもらえないことすら多いでしょう。マスチャネルにとって価格というのは、プロダクト開発の強い制約要因になる非常に重要

な要素です。

　D2C チャネルでは、売り場での横並び比較ではなく、店舗（サイト）に訪問した顧客のニーズの高まり度合いでその顧客にとっての価格の妥当性が決まります。もう少し分解をすると、**訴求されている顧客課題や欲求の深さ、訴求に対する商品やサービスへの期待値、それらを経済条件として示したオファーやプランの納得度のかけ合わせで、顧客が購買決定するにあたっての妥当性が決まります。** つまり、D2C チャネルでは、顧客にとっての絶対性の考え方で価格が決まるのです。

顧客は何にお金を支払うのか

　D2C チャネルで展開されるプロダクトの方向性は「ここだからこそ得られる商品や体験」を志向する必要があります。この提供価値を設計し、具体的にプロダクトやサービスに落とし込んでいくにあたり、「顧客はプロダクトの何を評価し、お金を支払うのか」という価値評価を整理した消費価値フレームワークが非常に役立ちます（図6-3）。

　これは一般的に消費者がどんな価値に対して消費をするのかを分類した一覧で、これを参考にすることで、自社がどのような価値提供を通して対価を得ていくのかを設計しやすくなるでしょう。

　一般的に機能的価値は、万人が同じように評価が可能で、マスメーカーが目指しやすく価格競争に陥りやすい側面があります。

　それ以外の価値は**顧客にとってニーズや評価が分かれやすく、デジタルマーケティングによってターゲット顧客へ的確にリーチできれば価値提供に対して高い金額を対価として支払っていただきやすいため、**D2C ビジネスでは機能的価値以外の価値創出を目指すことが推奨されます。

　提供価値の方向性を定めたら、これらを基に自社ブランドのコアバリューや USP を設定しプロダクトの独自性を設計していきます。また、D2C ではそれらはプロダクト単独の価値ではなく、オファーやサービスと共に組み合わせて設計することで、より高い独自性を追求していくことが可能です。

価値の側面	消費価値	評価視点
機能的価値	品質的価値	・機能性や品質、卓越した側面に基づく評価
	経済的価値	・価格やコストパフォーマンスなどの経済性に基づく評価
	効率的価値	・使いやすさや実用性、時間・労働の省力化に基づく評価
感情的価値	快楽的価値	・高揚感や気持ちの充足に基づく評価
	審美的価値	・デザイン性や外観の美しさなど、視覚的な感性に基づく評価
認知的価値	新奇的価値	・好奇心や目新しさに基づく評価
	学習的価値	・得られる情報や知識に基づく評価
	倫理的価値	・消費を通じた倫理性に基づく評価
社会的価値	優越的価値	・社会的名声や優越性に基づく評価
	差異的価値	・個性の主張や表現など、他社との差異に基づく評価
	同調的価値	・帰属意識の高まりなど、準拠集団に基づく評価

　ここで、プロダクト単一で機能的価値のみを提供しようとした際の提供物（パターンA）と、プロダクト・オファー・サービスのかけ合わせで総合的な価値発揮を目指した際の提供物（パターンB）を例示します。

● パターンA

　・3kgで2,500円のドッグフード。獣医師監修で栄養豊富。チキンやポークといった自然素材を使用。着色料や合成香料不使用。全国2,000店舗で取り扱い、ネットではAmazonや楽天でご購入いただけます。

● パターンB

　・欧米では新基準になっているヒューマングレードのお肉を使用し、厳選した原材料をバランス良く配合したドッグフード。グレインフリーで消化の負担になりません。

　・このドッグフードで出た利益の10％は、犬猫の殺処分ゼロを目指す

団体に寄付をします。さらに、初めて購入いただいた方はこの団体の協力者としてお名前を団体の HP で公表させていただきます。

・3kg で 6,500 円。定期便なら再注文の手間も不要で、常に 10％オフで購入いただけます。定期便の購入者の方は専用特典としてワンちゃんの健康あんしん知識をまとめた弊社 WEB マガジンを無料で購読いただけます。また、コールセンターにて専属スタッフがいつでもチャットサポートさせていただきます。毎月一度会員様向けに関東の一部エリアでドッグランを無料開放し、会員様同士で交流いただけます。

いかがでしょうか。パターン A は品質も一般レベルで購入しやすさも抜群、何より非常に経済的です。それに比べてパターン B はパターン A の 2 倍以上の値段がしますが、商品が持つ機能的な価値以外の部分で様々な価値提供を受けられ、その中には社会的意義を感じられるものもあれば、自身にとって有益な知識を学べたり、コミュニティが用意されていたりなど、複合的な価値から魅力を感じます。2 倍以上価格が離れていても、相対的に安く思えるのではないでしょうか。

このように、**D2C では自社プロダクトの関連市場の顧客が総合的な価値を感じるポイントに対し、複合的な価値提供を目指すことで自社プロダクトの独自の魅力を構築しその対価を得る**ことを考えていきます。

D2C に向いている商材の要件

どんな商材でも D2C チャネルでメイン展開をすればそのビジネスモデルのメリットが得られるわけではなく、D2C 展開の相性がいい商品と他チャネルに向いている商品が存在します（図 6-4）。

ここでは、D2C の特性をふまえた際に、D2C ビジネス戦略と相性がいい商材要件について説明をします。あくまで相性や傾向の議論であり、必ず全てを満たす必要はありません。

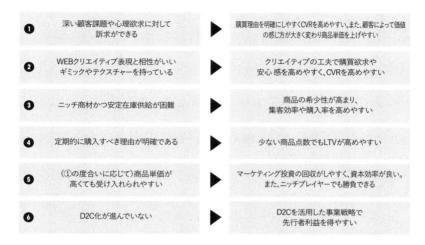

+マーケットが広い（参入余地が大きい）、自社ならではの強みが活きる

①深い顧客課題や心理欲求に対して訴求ができる

　前述の通り、認知されるだけでなく「ニーズを創出する」ことが第一歩となる D2C チャネル特性から、D2C 主体で展開をするプロダクトの基本発想は「顧客課題解決 or 自己実現 or 欲望充足」に置いて商品を企画していくことが必要です。

　このような訴求の方向性を有しているプロダクトは、顧客にとって「今このチャネルで購入すべき理由」が明確にしやすいでしょう。

　また、顧客課題や欲求に強く訴求が可能な商品は、顧客によってその価値の感じ方や評価が大きく変わります。このような商品は単価を上げやすく、マーケティング費に余力を作りやすくなります。

② WEB クリエイティブ表現と相性がいいギミックやテクスチャーを持っている

　デジタルマーケティングでは、商品をその場で手にとって確かめたり試しに利用したりは不可能です。そのため、動画、静画、音声、文字といっ

た全ての表現方法を活用し、購買意欲や購買する上での安心感を醸成することが必要です。

　逆に、WEBクリエイティブだからこそより魅力的に認識されるような「シズル」表現を追求可能なギミックやテクスチャーをもった商品は、D2C相性が良いと言えます。

③ニッチ商材かつ安定在庫供給が困難

　D2Cは購買ニーズを高めることと常に向き合う必要がありますが、通常は入手が困難と認識された商品は自ずと集客効率や購入率が高まりやすくなります。

　そのような商品は購入待ちリストが形成しやすく、販売開始の告知をするだけで注文が入る状態にすることも可能です。また、多くの人にとっては不要でも、限られた層には待ってでも手に入れたいニーズのあるニッチなジャンルの商材だとより良いでしょう。

　ただし、単純に生産制限をすれば良いということではなく、供給量に上限がある生産上の理由が明確であることも必須です。安直な生産制限は、賢い消費者にはすぐに見透かされますので注意をしましょう。

④定期的に購入すべき理由が明確である

　D2CビジネスではLTVの高さが競争力の土台です。定期的に購入すべき理由が明確である商材は、単一商品でもLTVを高めやすく後述するオファーの工夫もしやすいため、D2C展開との相性が良いです。

　そしてその定期的に購入すべき理由は、顧客の課題解決のために必要であるという納得感が重要です。

⑤（①の度合いに応じて）商品単価が高くても受け入れられやすい

　LTVは購入回数×購入単価で決まりますが、購入単価が取りやすい商品も相性が良いと言えます。購入回数でLTVを稼ぐ商品はマーケティング投資の回収期間が長くなりがちな傾向がありますが、購入単価が高い商品はマーケティング投資の回収期間が短いことも利点です。

一般的に単価が高い商品は購入ハードルが高く、CVR が下がって CPA は上がりがちですが、D2C ではオファーの工夫によって CPA を高騰させずに単価が高い商品の販売も可能です。

⑥ D2C 化が進んでいない

D2C では展開される商品がコモディティすぎる場合、「わざわざ今ここで買うべき理由」が作りづらいため、顧客の中に代替チャネル案が浮かびやすく、サイト離脱を招きがちです。また、逆に新規性が高すぎる商品もその商品の価値を理解しきれず離脱につながります。

ある程度ジャンル認知があり、消費者にとってそれが果たす役割や価値の理解はあるが、まだ万人に行き届いていない系統の商品は、D2C に特化した事業戦略を導入することで先行者利益を得やすいでしょう。マスチャネルの力を借りずとも、ニッチなジャンル商品をとてつもない勢いで販売していくことが可能なのが D2C ビジネスの魅力の1つです。

D2C のプロダクト／
マーチャンダイジングの基本プロセス

D2C のプロダクト／マーチャンダイジングの第一プロセスとしては、まずヒーロー商品・オファーの設計を目指します。

ヒーロー商品とは、新規顧客獲得のために事業の初期フェーズで販売注力するメイン商品です。

このヒーロー商品は「深い顧客課題や欲求への訴求が可能で、それらの解決や充足への期待を高めやすく、顧客のニーズ（購買必要性）を高めやすい」という要件を満たし、（もしすでにあれば）自社の強みと相乗効果があり、初期に考え得る最高レベルの商品を開発しましょう。また、リピート購入がされやすいプロダクトであることも非常に重要です。

ヒーロー商品で集客した新規顧客が一度購入に至れば、顧客の資産化が進み、様々な接点を通して顧客が売り場に訪問するハードルが下がり、徐々に来店が習慣化されていきます。この状態づくりに合わせてプロダク

ト拡張を考えていきます。

STEP1	STEP2	STEP3	STEP4	STEP5
市場分析／事業戦略・マーケティング要件検討	プロダクト決定	オファー設計	LP／営業資料化	仮営業／プロダクト仕様最終化
・市場分析や事業戦略・マーケティング戦略の検討結果から、プロダクト要件を定めます	・実際にどんなプロダクトを作っていくかを定めます ・この際にSTEP1の要件に加え、D2Cに向く商材要件の観点も織り込みます	・D2Cでは、プロダクトにオファーがかけ合わさって"売るモノ"になります ・決定したプロダクトの販売オファーも同時に設計をします	・STEP1のマーケティング戦略を基にしたセールスストーリーに、決定したプロダクト・オファーを入れて簡易LPや営業資料の形でアウトプットします	・簡易LPや営業資料を使ってターゲット類似のモニターに実際に直接セールストークを展開し、反応やFBを基にプロダクトやオファーをブラッシュアップします ・上記結果を基に最終的な仕様をOEMと最終化します

ヒーロー商品で新規顧客獲得を成長させて以降は、大きく3パターンの
プロダクト拡張の方向性があります（図6−6）。

1
2
3
4
5
第6章 6
プロダクトとマーチャンダイジング 7
8
9

125

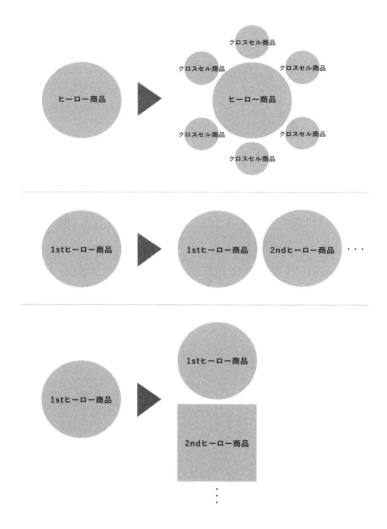

① 1st ヒーロー商品に関連するクロスセル商材でプロダクト拡張する

　この方向性ではヒーロー商品と親和性の高いプロダクト拡張が進むため、既存顧客の追加購入が狙いやすいでしょう。また、ラインナップが増えることで新たなオファーやプラン開発も可能になり、1st ヒーロープロダクトをさらに強化した新ヒーロープロダクト開発を目指してプロダクト拡張を進めるケースもあります。

② 1st ヒーロー商品の次に、2nd ヒーロー商品を開発する

　2nd ヒーロー商品でも 1st ヒーロー商品同様に新規顧客獲得を行い、複数商品で入り口を作りビジネスを拡張します。それぞれで異なったルートから顧客を獲得できるため、それぞれに LTV を最大化する仕掛けが整っている前提であれば、新規獲得効率維持がしやすいメリットを得られます。

③②のパターンで 2nd ヒーロープロダクトを別ブランドとして新たに展開をする

　メリットは②と同様です。少ない商品点数でマネタイズしていくことを目指しやすい D2C ビジネスにおいては、必ずしも同ブランドでラインナップ展開をしていく必要性はありません。

クロスセル商品の考え方

　ヒーロー商品開発後のクロスセル商品の考え方としては、**ヒーロー商品が訴求している深い顧客課題や欲求に関連し、それらの解決や充足の度合いをさらに高めるための組み合わせの観点や、そのヒーロー商品ジャンルの周辺で顧客が普段別ブランドに対して消費しているウォレットシェアを奪うという観点を発想の起点として設計すること**がおすすめです。
　前者の例としては、特定の肌悩みの解決のための美容液の効果をさらに高めるブースター、美髪を目指すためのヘアケア商品利用者が普段の髪への刺激を最小にしてケアできるブラシなどです。

後者はヘアケア商品を利用していて、美容感度や商品満足度が高く、顧客に同ブランドの信頼性を活かしてフェイスケア関連商品を展開する、生産量が限られた高級なお酒の購入者に向けてそのブランド価値を活かして同ブランドで常飲向けのお水を販売するなどです。

　ブランドへの信頼性や商品満足度は活かしたまま、提供価値や利用シーンや価格帯などをヒーロー商品とは"ズラす"発想で周辺ニーズを捉えにいきます。

プロダクトとサービスオファー

　いかに少ない商品点数で在庫リスクを下げて効率よく売上を拡大していくかが、特に D2C ビジネスの初期フェーズでは重要です。

　そのため、プロダクトと様々なオファーを組み合わせて付加価値を高めたヒーロー商品を設計していく必要があります。このオファー設計の考え方の鉄則は「CVR が高めやすく（CPA を下げやすく）、LTV（購入金額や購入回数）を高めやすい」ことです。これによって、1 つのヒーロー商品であっても許容可能な CPA で新規獲得を進めながら LTV を高め、売上が安定成長する状態を作ることが可能になります。このオファー設計の工夫が D2C においては生命線です。

　ここでは、D2C ヒーロー商品に採用されることの多いオファーパターン例をいくつか記載します。

[おまとめ販売] 同商品を複数個セットで販売する販売パターン
[BOX 販売] 定められた商品群の中から定められた個数の商品を自由に選べる販売パターン（詰め合わせ BOX を購入し、詰め合わせる商品を選ぶイメージ）
[定期便／おまとめ定期便／選べる定期便（BOX 定期便）] 毎月 1 個、3 ヶ月に 3 個といった、定められた頻度と内容で定期的に同じ商品が届く定期便オファー。BOX 販売を定期便化したパターンも存在
[頒布会] 定期的な頻度で商品が届けられるが、あらかじめ決められた内

容で毎回中身が異なった商品が届けられる定期便

[分割販売] 1つの商品を定められた分割払い回数で販売するパターン。主に高額商品の販売に使用される

[パーソナライズ販売] アンケート回答や必要情報取得を行い、得られた情報インプットに応じて顧客に最適な商品をパーソナライズ提案するパターン

　　例）完成品の中から最も推奨される商品をマッチさせるレコメンド方式、あらかじめバリエーションが定められた複数要素の組み合わせパターンでオリジナル製造をするセミオーダーメイド（洗浄力3種類、洗い上がり3種類、香り5種類のシャンプー）など

[レンタル] 商品を貸与し、貸与期間に合わせて課金を行い、貸与期間が終了したら商品を返却してもらうオファーパターン。「Rent to own」というレンタル後に買い切ることを選択できるパターンも存在

[プロダクト×サービス課金] 商品購入とサービス課金を組み合わせた販売パターン。工夫次第で様々なパターンづくりが可能

　　例）美容家電×デバイスと組み合わせて使う消耗品の定期便、アパレル商材×先行予約権など複数メリットが得られる有料会員権、ミールキット×料理に関する学習コンテンツなど

　これら**オファー設計で最も重要なのは、ブランドとして「顧客課題の解決や心理欲求の充足」の度合いを高めることを目的とした顧客側の納得感**です。

「この課題を解決するには、最低この期間は商品利用をする必要があるから定期便に加入していただきたい。でも経済負担を考えて単体販売時よりもお得にします」「私たちが提供する価値は毎月お届けする一連の商品全てをもって成立します。したがって、頒布会形式で毎回異なる内容が届き、6ヶ月間の契約継続を必須とさせていただいています」など、マーケティングストーリーやセールストーク、初回購入後の様々な接点（メルマガ、LINE、SNS、同梱物など）でのコミュニケーションを通して、顧客にとっての納得感を適切に醸成することがCVR最大化とLTV最大化の

ために肝要です。

　D2C ビジネスにおけるオファーの工夫は生命線であると同時に、事業者よがりすぎる設計は消費者との様々なトラブルの原因になりがちです。顧客にとって制約や誤認を生むことなく、メリットを作り訴求するために脳に汗をかき、顧客の納得感を醸成するための努力や姿勢を決して怠らないようにしましょう。

リサーチやテストの捉え方

　商品開発の過程でリサーチや販売テストをするケースは多くありますが、実りのあるリサーチや販売テストができているケースは実は多くはありません。リサーチや販売テストの失敗に共通するのは、「具体度の低さ」です。

　D2C においては、不特定多数のモニターに向けたアンケートリサーチなどをベースにした統計データはあまり意味をなさないことが多いでしょう。

　すでに顕在化している大衆ニーズにプロダクトをマッチさせ、見つけてもらうのではなく、ニーズを高めるコミュニケーションに比重があるD2C のマーケティングでは、セールストークを同時に展開しながら商品やコンセプトについての意見を聞くことができないアンケートプロセスにはあまり意味がないためです。

　もちろん、マス展開を見据えたプロダクトの場合は、一般的なリサーチプロセスも当然意味をなします。重要なのは、どのチャネルを軸に、どんな戦略で展開をする予定で、そのためのリサーチとして対象が適切なのかどうかです。

　D2C の商品開発のためのリサーチでは、**大量の母集団に向けたモニターアンケートデータよりも、コアターゲットに近い属性の身の回りの人に実際にセールストークをしてみる方がおすすめ**です。資料や簡単な LP を活用してセールストークを展開し、買いたくなったかどうかをフィードバ

ックしてもらい、何がどうなると買いたくなるのかを掘り下げるような深いリサーチインタビューを実施します。

　実際に数人がぜひ購入してみたいとなれば、そのプロダクトにはニーズがあり筋があると言えるでしょう。この手触り感のある感覚を取りにいく具体度がD2Cで展開するプロダクトのリサーチには求められるのです。

　競合分析の際にも、競合の戦略に関する一般的なベンチマークリサーチだけでなく、「顧客のどんな課題・欲求に対して訴求しようとしているのか」「顧客の購入意欲を高める仕掛けや工夫（オファーの組み方、セールスストーリー展開、販売ページ上の機能、クリエイティブの工夫など）」といった、D2Cの販売力を左右するポイントに絞った具体度のリサーチや分析を推奨します。

　販売テストも具体度の高い設計が重要です。多くの消費者にとって購入習慣のついていないD2Cチャネルで商品購入に至っていただくには、様々な仕掛けや商品の魅力を最大限引き立てる情報展開が必要です。それらに魂がこもってはじめて購入数は最大化されるのです。

　ただECサイトを表示するためだけの無料システム、ただ商品情報を並べただけの販売ページ、CVRを高めるための接客施策が何も導入されていないECサイトなどで販売テストをしても、何もテストできていないことと同義と言えます。

　装飾が最小限のスカスカの内装で、店員が適切な接客コミュニケーションを取ることもなく、価格と簡単な特徴が書かれた商品がおいてあるだけ、といった状態のリアル店舗では、「売れなかった」という結論になるだけであることは容易に想像ができるでしょう。

　本気で販売する際と同じ環境を整えてこそ、販売テストは成立しますし、このテスト段階で販売力を最大化しようと具体的に準備することが必要なのです。

第 **7** 章

マーケティングと
チャネル

マーケティングとチャネル（セールス）の
垣根をなくし一体化して捉え、
「売れる仕組み」で成長効率に差をつける

第 7 章では、「D2C THE MODEL」フレームワークの中でも特に重要度の高い「マーケティング／チャネル」プロセスを解説します。この領域が担うのは、顧客が店舗（EC サイト）に訪れる訪問数と、そこからの購入者数を最大化することです。

リテール店舗やプラットフォームがベース集客を担っているマスチャネルとは異なり、D2C では EC サイトを立ち上げた時点では砂漠にお店が立っている状態からはじまります。そのため、顧客の興味関心を高め EC サイトに来訪する客数を増やすだけでなく、同時に顧客の商品購買必要性を高め、購入者数を増やすというファーストゴールまでを一貫して設計し運用していくことが求められます。

顧客にとって D2C チャネルは「購入経験のない、存在すら知らなかったお店」というところから始まるため、極端な表現を使うと、従来型のマーケティングのように露出量を高めて認知を増やすだけでは全く意味がありません。

このことからも、**D2C ビジネスを担う人材は、マーケティングだけでなく、チャネル設計（購買が発生する店舗としての EC サイト設計）のプロフェッショナルの観点を同時に持っている必要があります。**ここが成功している D2C プレイヤーと、マーケティング経験を持っていてもうまくいかないプレイヤーの大きな差になっており、この差はまさに会社規模に左右されない競争環境で戦える D2C ビジネスの特性を示しています。

D2C のマーケティング全体像

D2C のマーケティングは「①いかに CPA を下げ、購入者数を上げるか（顧客獲得効率維持と拡大）」と、「②いかに LTV を上げ、顧客資産化度合いを高めるか」という視点を軸に全ての活動の優先度を判断し、施策の実行を進めます。

初期は D2C チャネルを主体に顧客資産化を進めながら、フェーズによって販路の拡大判断をし、フェーズ別のマーケティング＆チャネル戦略

7-1:D2C THE MODELにおけるマーケティング・チャネルプロセス

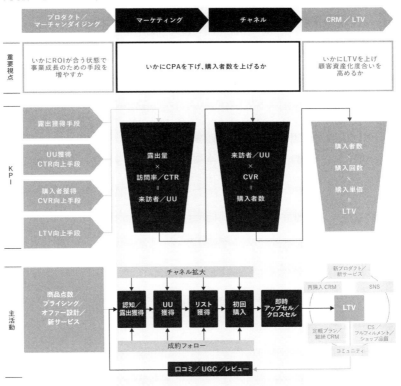

プロダクト/マーチャンダイジング → マーケティング → チャネル → CRM/LTV

重要視点
- いかにROIが合う状態で事業成長のための手段を増やすか
- いかにCPAを下げ、購入者数を上げるか
- いかにLTVを上げ顧客資産化度合いを高めるか

KPI
- 露出獲得手段
- UU獲得 CTR向上手段
- 購入者獲得 CVR向上手段
- LTV向上手段

露出量 × 訪問率/CTR = 来訪者/UU

来訪者/UU × CVR = 購入者数

購入者数 × 購入回数 × 購入単価 = LTV

主活動

商品点数 プライシング/オファー設計/新サービス

チャネル拡大

認知/露出獲得 → UU獲得 → リスト獲得 → 初回購入 → 即時アップセル/クロスセル → LTV

成約フォロー

口コミ/UGC/レビュー

新プロダクト/新サービス　再購入CRM　SNS　定期プラン/継続CRM　CS/フルフィルメント/ショップ品質　コミュニティ

施策種別

プロダクト/MD	マーケティング	チャネル	CRM/LTV
商品開発	WEB広告	自社サイト	新商品開発
商品調達/仕入れ	検索	直営店舗	新オファー/新プラン開発
販促情報設計	バイラル/SNS	卸/リテール	CRM
ジャンル設計/棚割り設計	クリエイティブ/コンテンツ	EC-PF	SNS
プライシング	認知広告/純広告	ポップアップ	PR/イベント
オファー/プラン開発	PR/イベント	越境	ロイヤリティ施策
在庫コントロール	直接コミュニケーション	BtoB/法人販売	コミュニティ

を定めていきます。この全体像のうち、マーケティング／チャネルプロセスにおける主な活動と施策種別は次の通りです。

● 主活動
[①認知／露出獲得] 自社ブランドの露出を増加させます。

[② UU 獲得（＋リスト獲得）] 自社ブランドの露出の中で顧客の興味関心を引き、サイト訪問を促して訪問者を増やします。即時購入に至らなかった顧客も、成約フォローができる見込み顧客リストとして可能な限り獲得します。

[③初回購入（＋即時アップセル／クロスセル）] サイト訪問者へのセールス活動、接客活動を通して新規顧客を増やします。また、この際に可能な限りアップセルやクロスセルを仕掛け、初回購入時から LTV 水準の高い顧客獲得を目指します。

　顧客 LTV を上げるための CRM 活動において、購入直後に近ければ近いほど対象者分母は多く、顧客のマインドとしてもホットになります。CRM は後工程ではなく、購入直後から開始する活動だと捉えましょう。

[④成約フォロー] サイト訪問時に購入に至らなかった顧客をリマーケティングし、サイト離脱後でも購入に至っていただけるように可能な限りフォローします。

[⑤チャネル拡大] D2C チャネル以外にチャネルを拡大し、自社ブランドの商圏を広げます。

マーケティング施策種別

● WEB 広告
　様々な WEB 広告を活用し、露出面や訪問率を増やし、来訪者数の最大化を目指します。誰でも少額からターゲットを絞った広告を配信し、短期

で効果や成果が振り返られるようになったことは D2C を成立させた要件の 1 つであり、D2C ビジネスの成長に欠かせない手段です。

　購入完了までの成果が重要な D2C においては、ダイレクトレスポンス（広告露出で興味関心を持った顧客にそのまま直接販売までを行う）を狙って運用されることがほとんどです。

　D2C のチャネル特性上、一度接点を持っても離脱されてしまえば、再度接点を持つ機会が持ちづらくなります。そのため、認知拡大やブランディングのみを目的とした露出は、顧客のネクストジャーニーの中でその次のアクションにつながりづらく、成果が上げづらいでしょう。

　WEB 広告の代表例は以下になります。
　・SNS 広告
　・ディスプレイ広告
　・リスティング広告
　・リターゲティング（リマーケティング）広告
　・アドネットワーク・DSP
　・ネイティブ広告
　・アフィリエイト広告
　・動画広告
　・メール広告
　・タイアップ広告・記事広告
　・音声広告
　・リワード広告

● 検索
　検索エンジンやポータルメディア内検索で日々行われる検索に対する表示結果のうち、自社に関する情報表示を増やし、露出量や訪問者数を増やす施策種別です。大きくは SEO（non-paid）と、リスティング広告（paid）に対策が分かれます。

情報元としての信頼性やコンテンツ量の観点で、D2C サイトは長い歴史のある WEB サイトと比較して劣勢になりやすい前提があります。そのため、自社商品の指名検索対策で購入率が高い顧客の集客を目指したり、自社商品の購入理由に直結するキーワードのみを対策したりなど、目的を絞った効率良い対策を推奨します。

WEB を介して行われる全ての探索行為が、この施策種別の対象となり、例えば商材やターゲットによっては SNS 内での検索対策も重要になりつつあります。

● バイラル／ SNS

他社から拡散された情報や自社が発信した情報による自社商品露出を増やし、来訪者を増やすことを狙う施策種別です。顧客が能動的に自社商品に関する情報を拡散する状態を後押しすることは、1 人が n 人を連れてくることにつながり、マーケティング効率に直結します。

そのため、リアルの場で知人に推奨したり、SNS でフォロワーに推奨したりという拡散行為が期待できることを前提に、顧客体験や顧客満足度を追求しましょう。

D2C ビジネスにおいて顧客の資産化度合いが高いということは、顧客から得られる LTV 期待値が高くなるということだけではなく、次の新規顧客の獲得効率を高めることにもつながっているのです。

● クリエイティブ／コンテンツ

顧客の購入意向を向上させるためには、クリエイティブ力やコンテンツ力も非常に重要です。ここでのクリエイティブとは、芸術性の高いデザインのみを指すのではなく、「顧客の関心を引き購入意向を上げる、行動を促すクリエイティブ」を意味します。

また、このクリエイティブ力に加えて、購買意欲を高めるコンテンツやオファー、購入をスムーズにするサイト導線が組み合わさり、はじめて顧客は D2C チャネルでの購入に至ります。**D2C はこの意味でクリエイティブ力の勝負とも言え、その源泉は顧客理解と行動心理の理解です。**

● 認知広告／純広告

　掲載期間、掲載場所、配信量（インプレッション数）など、あらかじめ決まっている広告枠を買い取って掲載する広告掲載方法です。

　広告枠の例としてはテレビ広告、雑誌などのメディア記事内広告、タクシー広告、OOH広告、ポータルサイトTOPのバナー掲載枠などがあります。一般的に多くの人の目に触れる場所に掲載されることが多く、認知度の向上やブランディング効果を期待して出稿される手段です。

　一般的に出稿に必要な予算水準が高く、掲載枠と期間で費用が確定されてしまうため、リスクが高めの広告枠です。また、ダイレクトレスポンスが重要なD2Cビジネスにおいては、顧客に対しての露出が生まれてから購入に至る各プロセス内で追加のコミュニケーションや工夫が一切できないため、購入成果を出すための相性は良くないでしょう。

　ただし、視点をズラしてダイレクトレスポンス以外を目的とする場合は活用シーンがあります。例えば、純広告への出稿予定を卸／リテール展開時の営業素材として活用する、純広告を起点にSNS上での拡散施策を組み合わせてフォロワーを増加させフォロワーターゲティング広告で購入成果を狙うなどです。

● PR／イベント

　PR活動やイベント企画、出展を通して、第三者による露出獲得を目指します。自社ではない情報発信元からの露出が増えることは、顧客の検索エンジンやSNS内での情報収集アクションの中での信頼性の醸成につながります。

　PRリリースやイベント情報はただ発信するだけではなく、メディアに取り上げられ記事として世に出ることまでをフォローしていくことが重要です。発信したままでメディア掲載を待つのではなく、取り上げてほしいメディアや個人に営業活動を行うことと必ずセットで活動をしましょう。

　また、これらは一般消費者だけではなく、自社ビジネスに関連するステ

1

2

3

4

5

6

第7章　マーケティングとチャネル 7

8

9

ークホルダー候補全てに向けたアクションであることを前提として施策を打たなければ、成果は片手落ちになってしまいます。

　メディア掲載露出を担っているライターや編集者はもちろん、情報拡散をしてくれるインフルエンサー、自社商品を取り扱ってくれるバイヤー、ブランドに関わる各種人材採用など、PR活動やイベントを通した交流があってはじめて接点を持てるステークホルダー候補は様々です。これら全ステークホルダーを巻き込み、総合的な事業インパクトにつながることを目指す広い視点で活動をしていきましょう。

● 直接コミュニケーション

　SNS上のメッセージやコメント、顧客リストへの発信などを通して、見込み顧客への情報発信や直接コミュニケーションを定常活動として行い、自社商品に関心がある顧客を増やし、好意度が高まっている状態でサイト訪問を促す手段です。

　CRM活動にも共通しますが、多くの生活者は「1人の人間として尊重されている、認識されている」ということを潜在的に求めています。1to1コミュニケーションの本質的な意義は、この潜在欲求を叶えることです。人格を持ったブランド担当者が、同じく人格を持つ一般個人それぞれに対して直接コミュニケーションをしている状態は様々なアクションに対する顧客の受容度を変え、1対nの情報発信よりも効率的に働きます。

　ただし中途半端な取り組み度合いでは成果が生まれづらいため、取り組む場合にはマーケティング戦略の軸として組み込むくらい本気で取り組みましょう。

チャネル施策種別

● 自社サイト

　D2Cチャネルでは全チャネルと比較し、**ベースとなる集客が0から開始する「砂漠にお店状態」から始まるデメリットがある代わりに、プロダクト・オファー・サービス・販売モデル・クリエイティブ・コンテンツ・接客・UI／UXやサイト設計など、全ての自由度が非常に高いのが一番**

のメリットです。

　D2C に適した事業戦略設計次第で、このようなメリットを総合的に活かし、ニッチ市場成立や独自ポジショニングの成立を目指すことが可能です。

● 直営店舗

　オフライン版の D2C チャネルです。実際に試していただくことが重要な商材を展開する際に選択肢に入ることが多いでしょう。オンラインと比較して最低限必要になるコスト水準が高いため、オンライン展開である程度軌道に乗ってから展開することが望ましいでしょう。

　リアルな接点の存在は、PR 活動の拠点としても活用しやすく、試用や接客販売の場所としてだけでなく、オンライン販売にも活きる活用方法と組み合わせて全チャネル総合的な ROI で考えることが重要です。

● 卸／リテール

　伝統的な商流である卸やリテール流通を活用した販売チャネルの増加です。D2C トレンドの最先端を進む米国でも D2C ブランドがリテール流通展開を推進することは一般的になりつつあり、国内でも規模を追う D2C ブランドにとっては必ず展開していく販路と言えます。

　D2C のみで展開している状態と比較し、伝統的な販路への展開は同時に事業における選択肢に制約を生みます。そのため、展開するタイミングや広げ方については注意が必要です。

● EC-PF

　Amazon、楽天、ZOZOTOWN など、EC プラットフォームへの展開で販路を拡大します。リテール展開と同様に、EC プラットフォームにおける最適な展開方法や商品のあり方は D2C チャネルとは異なるため、展開タイミングや注力方針については事前に設計した上で推進していきましょう。一定以上の規模を追うフェーズでは活用がほぼ必須なチャネルです。

● ポップアップ

　定常的に直営店舗を構えるのではなく、オフラインの特定区画を期間限定で借りてポップアップ展開を行います。

　ポップアップでは自然集客を期待するのではなく、オンラインチャネルでの事前集客施策や既存顧客からの集客を通して、自社で顧客を呼び込んで展開することが必要です。また、オフライン接点で期間内の売上を最大化する視点も重要ですが、新商品販売、各種マーケティング施策、PR イベントなどと組み合わせて「オフラインの場を活用することではじめて実現できること」をメインに焦点を当てた設計が成功の秘訣です。

● 越境

　国内ではなく海外の顧客に向けて展開をします。越境 EC では、特に各国規制に合わせた商品仕様への変更と海外顧客の来訪者を生むマーケティングプロセス設計が課題になりがちです。

　越境 EC へのチャレンジを目指す事業者の中には、国内のマーケティング設計すら突き詰められていないこともあり注意が必要です。

　越境 EC 展開は、地方の商品が都心や全国で売れていくまでのプロセスと類似していると考えられます。まず地場の商圏の中で魅力的かつ満足度の高い商品として評判が広がり、それが口コミや SNS、メディア発信、展示会や物産展での営業活動などを通して都心や全国に顧客が広がっていきます。

　これと同様に、国内で購入数や良い評判が広がっていない状態や、海外現地向けの営業活動がなされていない状態では、それを海外に広げる人やメディアといった媒体が生まれ得ず、情報も広がりようがありません。

　越境市場を狙う場合でも、国内での顧客の拡大を第一に考えることが重要で、それがあって初めてネットの拡散力で越境市場へのリーチが成立すると言えます。

● BtoB ／法人販売

販売先を一般消費者だけでなく、法人に拡大して展開をします。ニーズが一般利用に寄っている商材では法人販売展開は困難ですが、ギフト需要やイベントでの利用など、法人の購入ニーズがある商材は法人販売対応をすることで大型の取引につながります。

法人需要がある商材は、必ず EC サイト上で法人取引向けのページ制作や法人取引の仕組みを導入して、法人販売対応をしている旨を訴求しましょう。

D2C と従来型メーカーの
マーケティングの違い

第1章や第6章で触れた通り、D2C では従来型メーカーのマーケティングとは前提が異なることに必ず留意しなければなりません。

マスチャネルでは、「販路を広げる⇔認知を広げる」という円を広げていくことが売上拡大のための基本活動となります。

一方 D2C では、「チャネルに顧客を呼び込む⇒購入意向を高める⇒購入」というダイレクトレスポンスを増加させ、そこから1人あたり顧客の LTV を高める緻密な設計が必要です。

このダイレクトレスポンスを生む過程で鍵を握るのは、

①惹きつける（サイト内でのセールストークやクリエイティブ表現を通して商品のニーズや必要性を高める）

②背中を押す（魅力的なオファー設計で顧客が商品を買わない理由をなくす）

③逃さない（スムーズな購入を阻害する要素や無駄な画面遷移がなく離脱要因が最小の優れた購入導線）

この3点です。

従来型メーカーのマーケティングでは、リテールや EC-PF が①～③の役割を担ってきましたが、顧客に直接商品を販売する D2C ではこのプロ

セスまでの範囲を自社で担う必要があり、この粒度まで解像度を上げたアクションや改善が求められます。

　D2C は顧客に直接商品を届けられるビジネスモデルですが、D2C モデルを採用したからといってサイトに商品を置くだけで売れることは一切ありません。D2C においては**「接触してすぐに顧客の購入意向を高める」**ということが何より重要であり、「未購入顧客の認知向上」を目的とした施策にコスト投下をする必要はないとすら言えるでしょう。

　AIDMA、AISAS、5A など、消費者の購買行動プロセスは過去から様々なモデルで説明されてきました。このどれもが、今の時代でも当てはまるとも、今や古いとも言うことができ、それは D2C における購買行動プロセスに当てはめて考えても同様です。しかし、これら一般的な購買行動プロセスを D2C に当てはめる際に決して見逃してはいけないのは、購買行動プロセスのフレーム設計やその順序ではなく、「①惹きつける、②

7-2：従来型マーケティングとD2Cマーケティングの違い

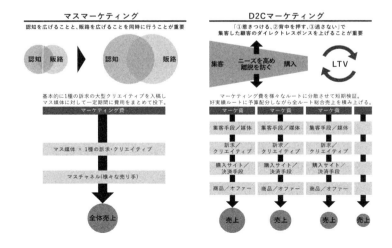

背中を押す、③逃さない」のセオリーを通して、**「最初の接点から購入までのプロセスを決して分断したタイムラインで考えず、最短で完了させることを目指す必要がある」**ということです。

D2C の概念が出現する以前から存在するプロモーションの中でも、D2C と類似のセオリーで展開されてきた販売手法が 1 つあります。それはテレビ通販です。

テレビ通販では、番組放送による露出から顧客との接点が開始し、顧客の悩みや欲求に焦点を当てた番組内での様々なセールスストーリーを軸に、顧客の購入必要性を即座に高めるコンテンツを展開し、今買うべき理由を強めるための魅力的なオファーを提示し、電話一本ですぐに注文を受けられる受注体制を構えて注文を受け付けます。

これはまさに「①惹きつける、②背中を押す、③逃さない」のセオリーに沿った「認知〜購入までのプロセスを分断なく最短で完了させる」ことを狙った販売手法です。

D2C は、この従来から存在するテレビ通販同様のセオリーを踏襲しながら、デジタル広告の低予算配信、高度な広告ターゲティング、WEB クリエイティブ、データを活用した高速 PDCA などによって、さらに成長再現性を強化しているビジネスモデルなのです。

もちろん、従来のマーケティングのセオリーと同様に、認知・興味・関心の高い潜在顧客をどれだけ増やせているかは重要です。こういった購買アクションに近い潜在顧客を増加させるための露出を稼ぐ施策（インフルエンサー、アンバサダー、口コミ、メディア、SNS などを主に活用）と、ダイレクトレスポンスを目的としたマーケティングを組み合わせることで、全ルートでの顧客獲得のパフォーマンスは底上げされます。

D2C マーケティングの KPI 改善ドライバー

　D2C THE MODEL の KPI をツリー状に再整理し、関連する改善ドライバーを紐付けると次のようになります。

7-3:D2Cマーケティングの KPI改善ドライバー

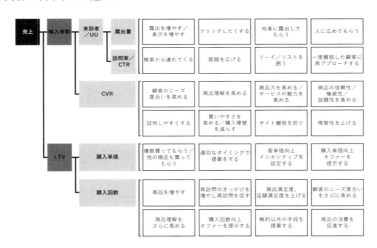

売上	購入者数	来訪者/UU	露出量	露出を増やす／表示を増やす	クリックしたくする	他社に露出してもらう	人に広めてもらう
			訪問率/CTR	検索から連れてくる	販路を広げる	リード／リストを囲う	一度離脱した顧客に再アプローチする
		CVR		顧客のニーズ度合いを高める	商品理解を高める	商品力を高める／サービスの魅力を高める	商品の信頼性／権威性／話題性を高める
				試用しやすくする	買いやすさを高める／購入障壁を減らす	サイト離脱を防ぐ	喫緊性を上げる
	LTV	購入単価		複数買ってもらう／他の商品も買ってもらう	適切なタイミングで提案をする	客単価向上インセンティブを設定する	購入単価向上オファーを提示する
		購入回数		商品を増やす	再訪問のきっかけを増やし再訪問を促す	商品満足度、店舗満足度を上げる	顧客のニーズ度合いをさらに高める
				商品理解をさらに高める	購入回数向上オファーを提示する	解約以外の手段を提案する	商品の消費を促進する

　どのような施策が、どの KPI や改善ドライバーに関連するかを理解することで、無駄のない施策を適切なタイミングで実行し、効率良い事業成長を実現できます。

　D2C のマーケティングにおいては、顧客の解像度を上げることが良い施策や良い改善に直結し、またその結果を高速で振り返りながら、短期で軌道修正をすることが可能です。LTV に関する内容は第8章で解説をします。

7-4：D2CマーケティングのKPI改善ドライバー

KPI	改善ドライバー	説明	施策種別／施策例
来訪者／UU	露出を増やす／表示を増やす	・広告などの手段で自社商品の露出や表示がされる場所を増やします ・また、それらが表示される頻度を増やします	・WEB広告運用 ・媒体広告出稿 等
	クリックしたくする	・露出しているクリエイティブのクリック率を上げます ・クリック率を上げるには、訴求を明確にし、「有益性」「緊急性」「数字などを用いた超具体性」「独自性」を意識したクリエイティブを心がけましょう	・クリエイティブPDCA ・コピーPDCA 等
	他者に露出してもらう	・露出をすでに持っている他者の力を借りて、自社ECの露出を増やします ・例えば、メディアに取り上げられる、ブロガーに取り上げていただく等です	・PRリリース ・メディア掲載営業 ・ブログ掲載営業 等
	人に広めてもらう	・ファンやフォロワーを抱えている個人に紹介してもらうことで集客を増やします	・SNS投稿促進施策 ・ギフティング ・インフルエンサーアフィリエイト 等
	検索から連れてくる	・何かニーズがあってWEBやSNSで検索をかけている人に対して、自社ECとも関連性が深いKWを活用して検索経由での集客を増やします	・リスティング広告 ・SEO対策
	販路を広げる	・販路を広げることで、すでに集客基盤を持った売り場を増やします	・モールEC運用 ・卸販路開拓
	リード／リストを囲う	・自社の潜在リードが常に集まっている場所を構築します ・ECでは顧客リストをいかに増やし、最大化するか、という視点が非常に重要です	・運営オウンドメディア ・公式SNS運営 ・CPF広告 等
	一度離脱した顧客に再アプローチする	・一度サイトを訪れたものの、離脱してしまった顧客を再集客します	・リターゲティング広告 ・情報登録済み未購入者向け販促 等

7-5：D2CマーケティングのKPI改善ドライバー

KPI	改善ドライバー	説明	施策種別／施策例
CVR	顧客のニーズ度合いを高める	・LPやECサイト内で、見込み顧客の商品ニーズが高まるようなコミュニケーション（「よくある悩み」「うまくいっていない状態」などの提示）を通して、「買いたい」とより思っていただきやすくします	・期間限定クーポン ・購入特典 等
	商品理解を高める	・商品の魅力を、動画、写真、文字を最大限活用して、簡潔かつ鮮明に理解いただけるようにします	・LPO 等
	商品力を高める／サービスの魅力を高める	・競合にはない商品の魅力を高めます（スペックや機能性、今までになかったカテゴリ等） ・商品だけではなく、有形無形のサービスも組み合わせることで、総合的な魅力やメリットを高めます（専門家相談し放題サービス等）	・会員専用サービス 等
	商品の信頼性／権威性／話題性を高める	・人が信頼を感じたり、権威を感じたり、話題性を感じる要素や素材を活用することで、購入マインドを高めたり、購入ハードルを下げます	・専門家監修アサイン ・UGC活用 等
	試用しやすくする	・「お試し用商品」や初回購入限定インセンティブ等を用意することで、「とりあえず購入してみよう」という気持ちになっていただきやすくします	・お試しオファー導入　等
	買いやすさを高める／購入障壁を減らす	・購入導線上の体験を限りなくシンプルに使いやすくすることで、途中で購入離脱してしまうことを防ぎます ・顧客の購入条件になっている要素を適切に用意することで購買障壁を減らします	・チャット型CVツールを導入する ・LPをフォーム一体型にする ・決済手段を増やす 等
	サイト離脱を防ぐ	・サイト離脱しそうな顧客に対して、離脱抑止のための対策をします	・離脱防止ポップアップ 等
	喫緊性を上げる	・インセンティブやコミュニケーションを通して顧客が「今買うべき理由」を強めます	・在庫切れ間近表記 ・期間限定特典 等

売れなかったものが売れるようになるきっかけ

　D2C で売上を伸ばすテクニックは様々ですが、突き詰めるとシンプルです。それは、**「顧客の心理的欲求を満たす商品設計」「顧客の購入意欲を上げるセールストークや接客・クリエイティブ」「『買わない』選択肢をなくす魅力的なオファー提示」「購入マインドを阻害しない購入導線」の4点です。**

　これらが適切に組み合わさった途端に、全く売れなかった商品がすごい速度で売れるようになるのも珍しいことではありません。D2C チャネルはロイヤル顧客以外にとって購買習慣が全くないお店です。この状況と類似の例として、地方のお土産屋さんを訪れたシーンをイメージしてみてください。

7-6:D2Cで商品が売れていく際のマーケティングミックス例

チャネル	地方のお土産屋さん	
プロダクト／サービス	全国的に有名な美味しい日本酒	・その地方でしか知られていない ・知る人ぞ知る特殊な工程で生産されている ・毎年生産数が安定していない ・実は著名な戦国武将が愛飲していた 　日本酒
マーケティング	駅前にたくさんののぼりや 看板で露出してある	その土地の伝統あるいくつかの 旅館にだけ商品案内の 専用パンフレットが置いてある
価格	5,000 円	1 万円 ＋友人と一緒に購入すれば2 人とも お酒のパッケージと同じロゴが入った 巾着袋をもらえる

　片方は、全国的にも有名な美味しいお酒でたくさん露出がされています。しかし、そのお酒を置いているお土産屋さんに入っても、商品はリーズナブルな価格ですが、棚に無機質に並べてあるだけの状態です。店員さ

んの態度も丁寧ではなく、お店では現金しか使えません。

　もう一方は、その地方でしか知られていない露出が少ないお酒です。しかし、そのお酒は知る人ぞ知る特殊な工程で生産されていて、それゆえに生産数が安定していないお酒のようです。

　さらに、実は著名な戦国武将がかつて愛飲していたとも言われているとのことです。取り扱っているお店に入ってみると、元気でハツラツとした店員さんが聞いてもいないのにこのような商品にまつわる話を気さくにしてくれ、試飲もさせてくれました。

　そのお酒は１万円と値が張りますが、同行する友人と一緒に買ったらお酒と同じロゴが入った巾着袋を特別にくれるそうです。店員さんは購入意志を固めた雰囲気を察すると、そそくさとレジまで引っ張っていってくれ、「田舎だけど最近こういうのにも対応したんだよ」と支払い用のQRコードを嬉しそうに提示してくれました。

　前者は商品に魅力的なストーリーがなく、そこで今すぐ購入するべき理由が全く見当たりません。

　一方で後者は、お酒が好きな人の心理欲求に響く魅力的なストーリーがあり、買わずにお店を出るのがもったいなく感じるような商品と接客です。

　類似したチャネルでも、顧客の心理的欲求を満たす商品設計、顧客の購入意欲を高めるセールストークや接客、「買わない」選択肢をなくす魅力的なオファー提示、購入マインドを阻害しない購入導線といった要素が噛み合った途端に、売れるイメージが非常に湧いたのではないでしょうか。

**　D2Cは、購買発生を生む各重要要素を突き詰めてこのような「噛み合った状態」になった途端に、全く売れなかった商品の販売が急激に伸びるチャネルなのです。**

ルートポートフォリオマネジメント（RPM）

D2C ビジネスは CPA と LTV が重要と繰り返し述べていますが、この 2 つは全てが一定ではなく、主に顧客の獲得経路（ルート）によって傾向や水準が変化します。

そのため、D2C ではこのルート別の CPA と LTV の管理が、効率的な投資判断と安定した売上成長のために欠かせません。このルート別の実績は LTV と CPA のそれぞれの多寡でポートフォリオ化ができ、これを本書ではルートポートフォリオマネジメント（RPM）と呼びます。

このルートは主に「集客手段／媒体」、「訴求／クリエイティブ」、「購入サイト／決済手段」、「商品／オファー」の組み合わせで決まります。

「集客手段／媒体」とは、見込み顧客に向けて自社ブランド情報を露出し集客に至った手段や広告媒体などを指します。例えば、「インフルエンサーによる PR 露出」や、「Instagram 広告経由」などです。
「訴求／クリエイティブ」は顧客が興味関心を持つに至った訴求内容やクリエイティブです。「漫画風でシミに悩む女性のお悩み解決を訴求したクリエイティブ」などが一例です。
「購入サイト／決済手段」は顧客が訪問したランディングページを指し、運用している LP のうちの 1 種だったり、公式サイト内の特集ページや商品ページだったりするのが多いでしょう。EC での決済手段は各決済手段の特性や利用者が多い顧客層構成によって CVR や LTV に大きく影響を与えるため、決済手段の観点でも計測が必須です。「商品／オファー」は初回購入に至った商品や購入時の提案オファー内容です。

このように、**デジタルでの顧客獲得経路にはいくつもの組み合わせ（ルート）が存在します。また、これらの組み合わせによって LTV や CPA の水準は大きく変動をします。**

CPA 効率よく顧客獲得ができており、マーケティング投資をしていた

ところLTV水準がかなり低く、顧客を獲得すればするほど赤字になる状態のまま進んでいた、というケースは珍しくはありません。

正しいマーケティング投資判断をし、事業リスクを減らすために、D2Cマーケティングにとってこのルートポートフォリオマネジメントは不可欠な事業管理です。

実務的には、この事業全体実績を構成する各ルート別実績を総合した結果、総LTVと総CPAが決まります。その内訳としてはルート別LTVとCPAがあり、ルート別のLTVに対して許容可能なCPAを設定した状態で総新規獲得数の量を増やしていき、全体実績を上げていく進め方になります。また、これによってGMV、営業利益、投資回収期間、キャッシュフローが計測可能になります。

このLTVとCPAの2つの軸と、ルート別の購入者ボリュームでルートポートフォリオをバブルチャートで整理したものが以下です。

7-7:ルートポートフォリオマネジメント

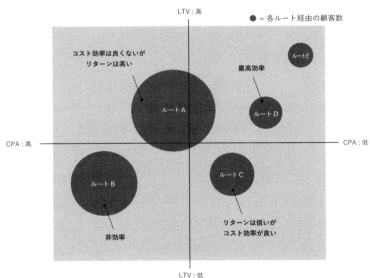

このイメージ図からわかるように、ルートポートフォリオマネジメントの目的は、「適切で効率的なマーケティング投資判断」であるため、全てのルートが右上に位置する必要はありません。あくまで右上のベクトルを目指して各ルートの弱点となるポイントを適切に把握し改善することが重要です。

　このルートポートフォリオマネジメントは、ルート別実績の可視化と把握、ルート別実績の要改善ポイントの特定と改善アクション絞り込み、顧客獲得数を増加させることが可能なルート特定と追加投資判断、という3つの方針決定に主に活用します。

7-8:ルートポートフォリオマネジメント

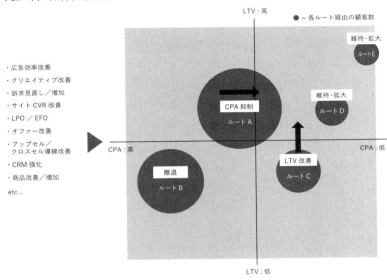

LTV：高

● = 各ルート経由の顧客数

維持・拡大
ルートE

・広告効率改善
・クリエイティブ改善
・訴求見直し／増加
・サイトCVR改善
・LPO／EFO
・オファー改善
・アップセル／
　クロスセル導線改善
・CRM強化
・商品改善／増加
etc...

CPA抑制
ルートA

維持・拡大
ルートD

CPA：高

CPA：低

撤退
ルートB

LTV改善
ルートC

LTV：低

デジタルマーケティングによる新規獲得手法パターン

　デジタルマーケティングによる新規獲得において、実際に成約（コンバージョン）に至るためには、大きく3つのパターンが存在します（図7-10）。

[①直接コンバージョン] 顧客の来訪時にメイン商材を直接販売することを狙うパターン
　ex. サプリメントの定期プラン販売、美容家電の分割支払販売

[②2ステップコンバージョン] まず比較的購入ハードルの低い入口商品の成約をしていただき、購入導線の注文〜サンクス画面の間でアップセルオファーを提示することでそのままメイン商品への即時引き上げ成約を狙うパターン

ex. 化粧品のお試しサンプル⇒化粧品の定期プラン販売、毎月定期プラン⇒おまとめ定期プラン販売

[③ナーチャリングコンバージョン] まず購入ハードルの低い入口商品の成約や、会員登録のみをしていただき、その後の CRM（ナーチャリング活動やセールス活動）を通して購入意欲を上げ、最終的にメイン商材の販売を狙うパターン

ex. LINE 会員登録⇒ナーチャリング、セールス⇒セット商品販売、トライアル版学習教材申し込み⇒ナーチャリング、セールス⇒本申し込み

一度顧客が離脱すると再訪問に至る機会が多くない D2C チャネルでは、常に直接コンバージョンが望ましいという前提はありますが、売上インパクトの高い商品やオファーほど成約やハードルが高いというトレードオフ関係が存在します。これらのコンバージョンパターンの理解は、自社商材の特性を考慮した適切な獲得設計で、集客を確実に売上に変えていくために役立ちます。

7-10：デジタルマーケティングによる新規獲得手法パターン

パターン	概要	適している商材の ハードル
直接 コンバージョン	集客 → WEBサイト → 成約 **販売をしたいメイン商品／サービスをサイト内で直接販売することを狙うパターン** ex:健康食品の定期プラン販売	低
2ステップ コンバージョン	集客 → WEBサイト → 成約 → アップセルオファー → 成約 **先ず購入しやすい商品／サービスの申し込みをしていただき、サイトの注文～サンクス画面の間でアップセルオファーを提示することでそのままメイン商品販売への即時引き上げを狙うパターン** ex:化粧品のお試しサンプル⇒化粧品の定期プラン販売 不動産無料カタログプレゼント⇒来店申し込み	中
ナーチャリング コンバージョン	集客 → WEBサイト → 成約 ┊ 再訪問 → WEBサイト → 再成約 **先ず購入しやすい商品／サービスの申し込みをしていただき、それを使用する間にナーチャリング活動や営業活動を通して徐々に購入意欲を上げていただき、最終的にメイン商品／サービスの販売を狙うパターン** ex:資産運用セミナー申し込み⇒ナーチャリング⇒資産運用サービス申し込み、 学習教材トライアル版申し込み⇒ナーチャリング⇒学習教材の本申し込み	高

D2C のメジャーな決済手段早見表

D2C では決済手段の特性によって CPA や LTV が大きく影響されるため、適切にメリット・デメリットを考慮し決済手段を広げます。

各決済手段の特性や顧客との相性を加味しながら、CVR を高めやすく、LTV が高まりやすい決済手段を、PDCA を回しながら見定め、最も推したい決済手段の利用を促していくのが良いでしょう（図7-11）。

D2C の主要な集客方法一覧

D2C でよく使われる一般的な集客方法例を紹介します。それぞれ、売上を作る上での即効性や最小限必要なコスト規模と一緒に整理をしましたので、初期の集客方法の選定にお役立てください（図7-12）。

決済手段	CVR	LTV	説明
クレジットカード	○	○	・男性に多い決済手段です。定期販売時の自動課金や、分割払い対応も可能で高額商品の販売にも向いており、比較的 LTV が高くなりやすい決済手段です ・与信枠や残っていない、期限切れなど、オーソリ失敗リスクには注意をしましょう
後払い	○	△	・購入後にコンビニや QR コードなどで支払いが可能な決済手段で、女性や若年層などクレカ所持率が低い顧客層の利用率が非常に高い手段です ・利用者の網羅性が高いため CVR は高くなりやすいですが、支払いの度に心理的に経済負担を感じやすいため、LTV が低くなりがちな傾向があります
ID 決済	○	○	・Amazon Pay、楽天ペイ、Apple Pay、d 払いなど、プラットフォーム サービスの ID と連携した決済手段です ・基本的にサービス ID に紐づいたクレジットカードで実際に決済されることが多く、フォーム入力負担が減るため CVR が上がりやすいメリットもあります
キャリア決済	○	○	・ソフトバンクまとめて支払い、au かんたん決済、ドコモ払いなど、携帯キャリア請求に紐づいた決済です ・携帯キャリアの請求と合算されクレカ紐づけも不要のため、多くの顧客にとっては利便性が高いですが、限度額がクレカより低く決済落ちリスクがあったり決済手数料が比較的高めなどのデメリットもあります
モバイル決済	○	△	・LINE Pay や PayPay といったモバイル決済を EC 決済に利用する決済手段です ・利用者は広いですが、残高がない場合にスムーズに決済ができないなど、定期販売時は特に注意が必要です
ショッピングローン	△	○	・主に高額商品の購入時に利用可能な決済手段です。利用可能な支払回数などの選択肢が多いメリットはありますが、利用時の手続きが他の手段より重く顧客の離脱を引き起こしがちです ・ショッピングローンが組めないと購入されづらい高額商品の販売時のみ導入が必須と言えるでしょう
代引き	○	△	・古くからメジャーな決済手段です。利用希望者はそれなりに多いものの、商品受け取り拒否や不在返品など、売上金回収ができずコストは発生するといった致命的なリスクがあるため D2C ではあまり好まれません
銀行振込	○	△	・銀行振込も代引き同様に古くからメジャーな決済手段です。こちらも利用希望者は未だに多いですが、支払い忘れといったリスクがあることから D2C ではあまり好まれません

No	方法	説明	コスト	即効性
1	SNS広告	・Facebook ／ Instagram、LINE、TikTok、YouTube などの SNS 広告を活用し集客をします。特に初期は META 広告メニューから取り組みやすくおすすめです	小〜大	◎
2	リスティング広告	・検索型広告により潜在ニーズ顧客を集客します	小〜大	○
3	リターゲティング広告	・一度自社サイトに訪問した顧客にターゲティングし再集客します	小	○
4	メディア／ ブログリクルーティング	・PR リリースや、商材／サービス概要書を用いて、様々な Web メディアに取り上げていただくように営業をかけ、露出増加を狙います	小	△
5	インフルエンサー ギフティング	・Instagram や X（旧 Twitter）で自社ブランドと相性の良いインフルエンサーに対して商品自体やサービス優待を提供し、拡散していただく効果を狙います	小	○
6	アフィリエイト広告／ インフルエンサーアフィリエイト	・ASP ／アフィリエイターやインフルエンサーに集客と販売を担っていただき、購入成果に応じた報酬を支払う方法です	小〜大	◎
7	ブランドコラボ	・自社他社問わず、自社の商材／サービスと相性の良い顧客層を抱えている事業者の顧客リストに対して自社商材を紹介していただき、集客する施策です	小	○
8	アンバサダー構築	・インフルエンサーや一般ユーザーなどの中から、アンバサダーコミュニティを構築し、自社商材／サービスを積極的に推奨発信していただきます	小	△
9	LINE CPF広告／ LINE公式アカウント運用	・LINE 友達登録を促進する広告メニューで見込み顧客リストを構築し、ナーチャリングアクションを通じて販売をします	小	○
10	友達紹介キャンペーン	・購入済み顧客に専用クーポンをお渡しし、友人や知人への紹介を促す販促方法です	小	△
11	クラウドファンディング	・Makuake などクラウドファンディングを活用し、事業開始前の購入テストをします	中	△
12	SNS／ オウンドメディア運用	・SNS やオウンドメディアを運用し、見込み顧客を集客します	中	△

ECの販売手法類型と、
対応する販売サイトの型の違い

　D2Cビジネスは自社チャネル（店舗）を主体に販売を行う点が、従来のメーカービジネスとの大きな違いの1つです。顧客を惹きつけ販売を最大化するためのツボを押さえた店舗設計なしには、D2Cビジネスを実践しているとは言えない状態です。

　このパートではD2Cの店舗設計における前提知識として重要な、ECの販売手法類型とそれらに対応するECサイトの型の違いについて解説をします。

▌ ECの販売手法類型

　ECサイトに訪れた顧客の購入を促進するための方法は、大別すると2パターンです。どちらが適しているかは扱う商材、露出シーン、事業フェーズなどで異なるため、どのようなケースでどのパターンが最適なのかを前提知識として理解し、各パターンの与件に合ったサイト構成を選択し、用意することがEC販売で成果を出すために必須です。

　1つは「セールストーク型」です。この型では、サイト掲載する商品や商材をあえて極限まで少数に絞り、その必要性や魅力を最大限伝えてニーズ喚起と説得をしていくことを可能にする販売手法です。対応するECサイトの型は、回遊性を最小限にしストーリー仕立ての情報展開が可能な「LP型サイト」です。

　もう1つは「総合量販店型」です。このパターンでは、特定の商品群や販促企画で括った幅広い単位で様々な顧客ニーズを拾うことを狙った販売手法です。セールストーク型が「ニーズ喚起と狙い撃ちのアプローチ」だとすると、こちらは「幅のある選択肢提示によるニーズのマッチング」というイメージが近いでしょう。ECサイトの型としては複合的な情報展開やページ間回遊を重視する、「総合型ECサイト」が該当します。

各型を採用した販売イメージの違いとしては、**セールストーク型は狙った顧客に対して同じものを様々な営業トークを通して販売することを繰り返して売上を積み上げていくイメージ、総合量販店型は多くの顧客に対して様々な商品群や販促企画などの多くの選択肢を提示しいずれかの選択肢を出口としてニーズマッチできた売上を重ねていくイメージ**です。

7-13:ECの販売手法類型

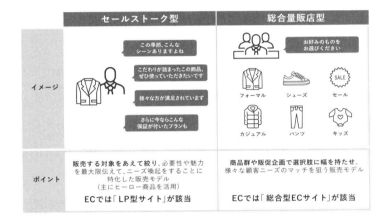

D2Cにおける販売サイトの型の違い

　ECでの販売手法は2種類に分かれると説明しましたが、これらをECサイトの種別で分類するとセールストーク型はLP型サイト、総合量販店型は総合型ECサイトが該当します。**適している販売手法に応じて活用すべきサイトの型も決まる**ということです。

　LP型サイトは、顧客のニーズ喚起や説得に特化しており、CVRが最も高い基準値を出しやすく、特に商品や商材の選択肢の幅がない状態での顧客獲得に最も適しています。

　総合型ECサイトは、数十〜数百を超える商品を一斉に効率よく販促し

ていくことに適しており、多くの選択肢を提示しそれら全体で合算して顧客獲得を積み上げていくことに適しています。

　LP型サイト主体で販売をしていても、一度検索に離脱し総合型ECサイトを訪問しじっくり検討した上で購入する、というパターンも必ず一定量発生します。
　したがって、**LP型と総合型どちらかでのみ展開する、ということではなく、最終的には両方を組み合わせたハイブリッド型の運用をしていく**ことになります。
　また、商品ラインナップが増えていくことに合わせて「商品 × LP」の1セットを複数のLPに分けて展開し顧客獲得の入り口の幅を広げ、さらに総合型ECサイトもかけ合わせるという、マルチLP×総合型ECサイトという展開パターンも推奨されます。

　販売戦略や商品ラインナップに応じた適切なサイト構成の組み合わせに

7-14:D2Cにおける販売サイトの型の違い

	LP型サイト（1ページ完結型）	総合型ECサイト
特徴	商品写真 → 商品詳細・スペック → 価格・料金表 → 商品メリット → 実例・実績　1ページ完結型のLPを活用し、特定商材/サービスのみに絞って申し込みいただくことに特化したサイト	商品写真ページ／商品詳細スペックページ／価格・料金表ページ／実例・実績ページ／商品メリットページ　様々なページで構成されたサイトで、たくさんの情報や選択肢を用意し、最終的にいずれかの商材/サービスを申し込みいただく回遊性の高いサイト
長所	即時ニーズ喚起と成果作りに特化しており、再現性と勢いある新規顧客獲得が可能	多くの選択肢や情報から、顧客がじっくり検討をして納得感のある申し込みをしていただきやすい
短所	顧客にとっての選択肢を絞ってしまうため、対象商材にニーズがなければ即離脱リスクがある	顧客の離脱が発生しやすく、安定成長する新規顧客獲得が難しい

CVRが最も重要な新規顧客獲得においては、LP型サイトによる運営が最も適している

総合型サイトは、"群"としての販促、特殊な販売モデル実装、自然流入の受け皿、CRM活用など、拡張性に優れ様々な用途で活用される

よって、総CPAパフォーマンスが維持されたまま新規顧客数を成長させられるよう、顧客の入り口となる接点を増やしていきましょう。

7-15:D2Cにおける販売サイトの型の違い

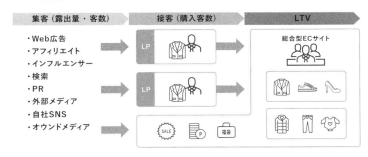

LP型サイトと総合型ECサイトのCVR差

なぜLP型サイトの方が総合型ECサイトよりもCVRが高く出やすいのでしょうか。

もちろん、LP型では1つの選択肢のみに落とし込むことに特化したセールストークを主体に、情報展開がしやすいというのも理由の1つですが、総合型サイトの中にLP型の特集ページを制作し、そこに顧客を集客しランディングさせるという導線パターンもあります。

このように総合型サイトの中に特集ページとしてLPを作ることは可能ですが、LP型と総合型サイトでのCVR差を生む要因があります。それは、単一ページのみで構成され最小の画面遷移数で成約まで完結するLP型と、様々な内部リンクによる多層構造で構築され、画面遷移機会が非常に多い総合型サイトの構造上の画面遷移数の差によるものです。

ECの購買UI／UXでは画面遷移数が多ければ多いほど、顧客の離脱機会が多く発生し、その離脱機会の数がCVR水準に直結します。目的に応じて必要な画面遷移や適切な顧客の選択肢設計のための画面遷移は存在して然るべきですが、**1%のCVR水準の差が事業の競争力に非常に強い影響力を与えるECにおいては、画面遷移数は少なければ少ないほど好ま**

しく無駄な導線は一切作るべきではない、ということを念頭に EC サイト設計をしましょう。

7-16:LP型サイトと総合型ECサイトのCVR差

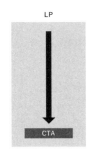

LP

総合型ECサイト

間接 LP（クッション LP）とは

LP には購入完了をしていただくための LP（本 LP）と、顧客の啓蒙やナーチャリングを担い商品購入の必要性を高めることを目的として本 LP 手前のクッションページとして一度ランディングさせる LP があります。この後者の位置付けの LP を「間接 LP（クッション LP）」と呼びます。

この間接 LP のバリエーションは様々で、それぞれの LP 内で展開される情報種別も異なりますが、そのどれもが最終的な成約数を増加させる目的であえて集客～サイト訪問までの導線の間に挟む LP です。代表的な種類をいくつか例示します。

[①記事 LP] SNS や WEB メディア風のクリエイティブやトンマナで、商品にまつわる関連コンテンツを読み物として構成した間接 LP です。接点を持った顧客の興味関心や商品理解の度合いを即時に高めて本 LP へ送客することを狙います。

[②アンケート LP]「●●に関するアンケート」という内容で展開する間

接LPです。一般的には本LPで訴求する内容に関連する質問から、商品のアピールポイントにつなげるようなコンテンツ展開をし、お礼としてインセンティブを提示して本LP遷移の最大化を狙います。

[③事前会員登録LP] コンテンツ内容は記事LPで展開するような内容であることが多いですが、メールアドレス登録や公式LINEアカウント登録などの事前会員登録を獲得するためのLPです。効率的に見込み顧客リストを貯め、必要に応じてナーチャリングコミュニケーションをはさみながら、商品案内をして売上成果を作ることを狙っていきます。

[④特集企画LP] セール販促、シーズン販促、コーディネート販促など、様々な販促企画を展開する特集企画ページです。ファッション雑誌内の特集ページなどがイメージとして近いでしょう。このパターンの場合は、総合型ECサイト内特集ページに遷移させ複数商品同時注文を狙うパターンが多いでしょう。

　これらを本サイト訪問の間に挟むことで、画面遷移は少なくとも1ページ増えることになります。しかし、この間接LPは本LPで販売する商品のニーズや必要性を高めて、潜在ターゲットのCVR水準を引き上げる目的で展開がなされます。そのため、PDCAによって品質の高いコンテンツ制作ができれば、このページを挟むことで本サイト訪問後のCVR水準は、間接LPを挟まずに集客する導線と比較して非常に高くなる傾向にあります。
　例えば、YouTuberによる紹介コンテンツなど、本サイトに遷移する手前の導線で購入ニーズを高めるコンテンツに顧客が触れる場合には必要ではないですが、そうではない導線の場合は、間接LPがないと本サイトに顧客が訪問しても購入が全く生まれないこともしばしばあります。

新規顧客獲得コストの決定ロジックと、CVRの差によるD2Cビジネスの投資効率の違い

　D2Cは何に最もコストがかかっているのでしょうか？　特別な条件下にある事業を除き、**D2C事業で最も大きなコストはマーケティングコスト**です。

　事業進行期のD2Cビジネスにおいて、マーケティング費は事業PLの中で最も高いコストを占めています。そして、このコストのリターンをどれだけ得られるかを決めるのがCVRであり、CVRを高めて顧客獲得単価（CPA）が高止まりしない状態で顧客資産を積み上げていくことが、持続的なD2Cビジネスの成長には必須です。

　新規顧客獲得のCPAが決定されるまでには、**「露出」**⇒**「サイトアクセス（クリック）」**⇒**「サイト閲覧」**〜**「カート追加・フォーム入力」**⇒**「成約」**のプロセスを辿ります。

　このプロセスの間にかけたマーケティングコストの総額と、成約に至った新規顧客数でCPAが決まります。多くの露出を仕掛けて集客すること

7-17:CPAの決定ロジック

も重要ですが、「集客をいかに成果に変えられる状態か」がD2Cのマーケティングパフォーマンスを決定づけます（図7-17、18、19）。

　この「集客した顧客を購入につなげる力」がCVRであり、自社店舗であるD2Cチャネルでは何よりもまずCVRが重要なのです。**どのような事業モデルのブランドにとっても最終的な成果の量を決めるのはCVRです。**そして、全D2C事業に共通して、接客・セールスアクションを通じた顧客のニーズの高まり度合いと、購入UI／UX品質でCVR水準は決まります。

　CVRはいわば「ニーズ合致・ニーズ創出力」「セールス力」であり、CVRが高いD2Cチャネルは、マーケティング投資効率に圧倒的な優位性をもたらします。**CVRが高いということは、競合と同じコストでより多くの売上や利益が得られる事業基盤を持っているということであり、成長率に差をつけられる**ためです。

　CVRの差に加えて、LTVの水準も高ければ、競合と比較してより多くの広告費を張ることができます。本書で何度も触れている通り、D2C事業の成長性はLTVとCVR（CPA）で決まると言っても過言ではないのです。

　コストをかけて自社情報を露出し、サイト集客をしても、最終的に購入に至る顧客はごく僅かです。これを実際に計算してみると、購入転換率（CVR）が高い状態と低い状態では、マーケティング投資効率の差が一目瞭然です。

　マーケティング投資効率で競合に対して優位に立てる状態を作るのが、D2Cのマーケティング・チャネル設計なのです。

7-18:CVRの差によるマーケティングコストシミュレーション

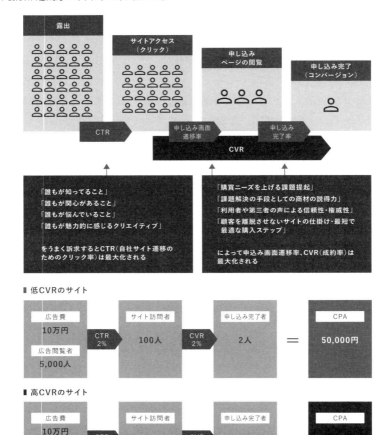

少しのCVRの差によって**1人あたり37,500円**、**月間100人**獲得で
たった**1ヶ月**でも**375万円**ものコスト差が発生

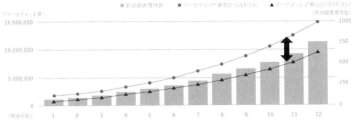

・100件／月の新規獲得件数から開始し月次1.2倍成長をするケースでシミュレーション
・CVRが5%だった場合と8%だった場合では、同じ件数を達成するのに12ヶ月で約3,000万円ものマーケティング費の差が出る
・すべての事業において、マーケティング費はPL上のコストの大部分を占めるコストであり、
CVRを高めることは営業利益に大きなインパクトを与える

CVR 2 倍＝売上 2 倍ではない D2C ビジネス

　D2C ビジネスにおける CVR 改善インパクトは、単純な比例関係ではありません。例えば、顧客あたりの LTV が 11,000 円で、その顧客獲得にかかる CPA は 10,000 円だとします。EC サイトを切り替えたことで、購入導線・購入フォームが改善され、EC サイト上の CVR が 2 倍になったときの状況を見てみましょう。

　改善後では CVR が 2 倍になり、CPA は 5,000 円となります。そのため、単純に同じ広告費で 2 倍の件数が獲得でき、売上は 2 倍になります。

　しかし、D2C ビジネスは LTV と CPA の差分により事業の成否が決まります。改善前では利益は 1,000 円しか出ていないのに対して、CPA が半分の 5,000 円になった結果、利益は 6,000 円出ることになります。

　つまり、売上が伸ばしやすいだけでなく、顧客 1 人あたりから得られる利益は 6 倍という驚異的な結果になっていることがわかります。

　この状態ではよりアクセルを踏んで売上を 10 倍にも 20 倍にもしていけることになります。

　昨今、D2C でこの数年、年商 100 億を超えるブランドが生まれているのは、この法則に則っているからでもあります。**マーケティング投資効率の改善が、D2C ビジネスに与えるインパクトはあまりに大きい**のです。

　裏を返すと、EC サイトの品質が低い状態でマーケティング投資を行う

ことは、まさに穴の空いたバケツに水を注ぐ行為というのが理解できます。それだけ **D2C ビジネス**において、「**商品を売る**」という目的を果たすために、**売上を作る EC サイトの最適化は重要**なのです。

7-20:CVR2倍＝売上2倍ではないD2Cビジネス

「売れる」店舗設計の考え方

D2C チャネルで売上を発生させるには、①惹きつける、②背中を押す、③逃さない、という店舗設計が鍵を握るというのは前述の通りです。

従来のメーカービジネスでその役割を担ってきたリテール店舗では、VMD（ビジュアルマーチャンダイジング）という売り上げを左右する店舗設計を担う役割が存在します。

VMD とは、顧客の購買意欲を上げるための店舗設計手法のことです。そして、その VMD に必要な要素として MP（マーチャンダイズプレゼンテーション）があります。

MP は顧客にとって「買いやすい」状況を突き詰め、店舗内の各種配置をデザインし店舗設計することです。さらにこの MP は、VP（ビジュアルプレゼンテーション）、PP（ポイントプレゼンテーション）、IP（アイテムプレゼンテーション）という 3 つの要素から成り立っています。

VP は店舗の顔となる店舗コンセプトや、ブランドイメージを店舗付近の顧客の導線上、ショーウインドウ、入り口で視覚的に表現し、顧客を店内へ誘導することを担います。

PPとはヒーロー商品や新商品など、特に売り出したい商品の展示を意味します。VPを閲覧して店舗に入店した顧客が長く店内に滞在し、購入意向が高まることを担います。店内の柱や壁面や棚など、顧客の目線に入りやすい位置にある展示がPPの領域です。

　IPはアイテム別、シリーズ別、サイズ別など、商品を購入検討をしやすい分類で整理、陳列をすることです。顧客がより見やすく、手に取りやすくするのがポイントで、多くの店舗で一番面積が大きいエリアです。

　IPではPPで商品に興味を持った顧客が、すぐ商品を手に取れるように設計をします。PPやIPは、サイト内のクリエイティブ、UI／UXで顧客の商品発見や購入ニーズの高まりを促す様々な仕掛け全般と類似します。

　MPの構成要素3つのそれぞれの役割をまとめると、

VP：店舗や売り場に立ち寄る人を最大化する

PP：顧客を惹きつけディスプレイや陳列棚の前に立ち止まらせる

IP：顧客の購買意向を高め欲しい商品と出会う確率を高める

　こうした分担と流れになります。

　このような最終的に購買行動につなげることを目的としたMPの観点は、D2Cチャネルでの売上成長に必須な観点と同じです。そしてこれは、

7-21:「売れる」店舗設計

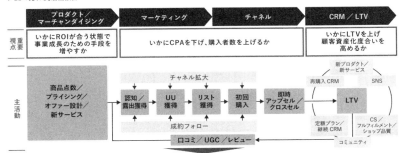

フレームワークを踏まえた売れる店舗設計が必要

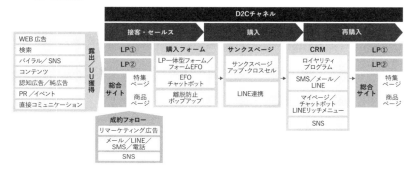

露出からの顧客訪問を誘発し（VPと類似領域）、CVRの高い優れた店舗設計の要件である「接客・セールスアクションを通じた顧客のニーズの高まり度合い」を決める（PP、IPと類似領域）活動です。ECではセールスパーソンによる直接的な接客ができないため、これらに加えて顧客を逃さない購入UI／UX品質が必須です。

　この購入UI／UX品質を上げる導線には、再現性の高い成功パターンがあります。この導線を図解化したのが「D2C THE MODEL」のチャネルプロセスをさらに具体化した図7-21、22の図です。必ずこの基本導線をまず構築した上で、必要に応じて独自の改善を加えていきましょう。

新規顧客獲得の最大化に向けた鉄則

　D2Cチャネルを「売れる店舗」に仕上げていく鉄則は以下の通りです。

①何よりもまずCVRを高めること。CVRは顧客のニーズ高め度合いと、購入UI／UX品質で決まる

　CVRはD2Cチャネルの販売力を決定づける要因になるため、必ず購入フォームレベルの粒度まで細部に渡ってCVRを阻害する要因を排除します。また、コストを捨てる結果にしないよう、集客よりもまずは確実に売上に変えるための品質高い店舗設計を優先しましょう。

②売れる店舗設計には集合知としての型があるため、オリジナリティよりも鉄板導線の再現を優先する

EC の店舗設計には EC の歴史の中で実証されてきた CVR 水準を高
める導線の型があります。ゼロから独自に検証をして組み立てていくの
ではなく、この集合知を活用し、初動から CVR 基準の高いサイトを構
築して必要な検証量を最小化しましょう。

③CRM は購入直後からはじまる。購入直後の最もホットな状態のタイミングで必ず LTV を引き上げるための追加導線を入れる

顧客は商品の購入を検討しきって期待が高まった状態で購入に至りま
す。この最も気持ちが上がったタイミングが LTV 引き上げ施策のチャ
ンスです。購入完了ページでの追加オファー提示、公式 LINE 登録と会
員連携など、CRM は購入直後から開始できることを心がけましょう。

このような鉄板導線の導入可否は、利用するシステムにも依存するた
め、必ずこれらの導線が再現できることを D2C ビジネス立ち上げ前に確
認の上で進めましょう。利用する仕組みの選定の時点から、発揮できるビ
ジネス力の基準に差が出てしまうことは望ましくありません。

7-23:「売れる」店舗設計

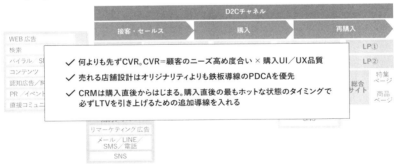

顧客はどこで離脱するのか

ECの「売れる」店舗設計においては、ECサイトの状態をリアル店舗の状態に例えて具体的イメージを持ちながら改善を図ることが重要です。

次の図は、ECサイトにおける離脱ポイントを例示し、対応するリアル店舗の状態をまとめた表です。リアル店舗であればすぐに「良くないこと」とわかることが、ECサイトになると突然イメージがつかなくなる方は非常に多いので、具体イメージを強めるための参考にしてください。

また、このようにステップを可視化してみると、前述したシーンにおけるECサイトの型の使い分けの重要性と共通しておさえておきたいポイントもより理解しやすいのではないかと思います。

7-24：ECにおける顧客の離脱ポイント

ECの離脱ポイント			ECサイトの離脱理由例	リアル店舗に例えた類似状態
マーケティング	露出量 × 訪問率／CTR ＝ 来訪者／UU	露出	・興味を惹かれない／関心がない	・興味を惹かれない／関心がない
		店舗訪問	・興味を惹かれない／想像と違った ・サイトの質が悪く怪しい	・興味を惹かれない／想像と違った ・店舗が暗く、汚く、活気がなく、怪しい
チャネル	来訪者／UU × CVR ＝ 購入者数	店舗回遊	・商品の魅力を感じない／購買意欲が湧かない／今買うべき理由が見つからない ・サイト情報のセールス色が強過ぎる／弱過ぎる ・情報にメリハリが無くごちゃごちゃしており商品に出会えない／選択肢が多すぎて迷う	・商品の魅力を感じない／購買意欲が湧かない／今買うべき理由が見つからない ・接客が積極的過ぎる／消極的過ぎる ・棚や陳列にメリハリが無くごちゃごちゃしており商品に出会えない／選択肢が多すぎて迷う
		カート追加／購入手続き	・購入導線が分かりづらい ・読み込みが遅い／購入ステップが多い ・フォームが洗練されていない（入力項目が多い／エラー発生しやすい） ・初購入時には事前会員登録手続きが必要	・どこにレジがあるかわからない ・レジまでの距離や列が長い／手続きが多い ・購入手続きが煩雑で店員のミスが多い ・初購入かどうかを聞かれ、初購入だった場合別のカウンターに連れて行かれる
		注文確認	・確認項目が多すぎる／確認のための画面遷移が多い	・店員の購入前確認が多い／確認事項がある都度別のカウンターに連れて行かれる
		決済	・対応している決済手段が少ない ・決済用の情報入力でエラーが多い／進め方が分かりづらい	・対応している決済手段が少ない ・決済用の情報入力時に端末エラーが頻発したりやり直しが発生する／正しい進め方を店員に聞いてもわからない
		購入完了	・読み込みが遅い／購入ステップが多い ・フォーム入力項目が多い／エラー発生しやすい	・レジまでの列が長い／手続きが多い ・購入手続きが煩雑で店員のミスが多い

人の行動を促す根源的欲求と、LP の鉄板構成要素

ECサイトをリアル店舗で例えると、LP型サイトは店頭のプロ販売員の役割を担います。ここでも「①惹きつける、②背中を押す、③逃さない」という3つの観点が重要ですが、顧客の購買を決定づけ、動かすための根源的な欲求と、それを踏まえたLPの構成要素の型を理解することで、「①惹きつける」が強化されます（図7-25）。

このLPの構成要素の型の流れが、ECの販売における「セールストーク型」の基本形です。この基本形の流れに、ニーズ喚起と成果づくりに導線が特化したLP型サイトの長所が相まって、サイトの「ニーズ合致・ニーズ創出力」「セールス力」が向上しCVRが最大化されます。

7-25：人の行動を促す根源的欲求と、LPの鉄板構成要素

根源的欲求

人の根源的欲求

- 生き残りたい、長生きしたい、健康でいたい
- （食べ物・飲み物を）味わってみたい
- 恐怖、痛み、危険から免れたい
- 社会的に認められたい、名誉が欲しい
- モテたい、性的欲求
- 人生を楽しみたい、快適に暮らしたい
- 愛する人を守りたい／大事にしたい
- 人より勝っていたい、世の中で情報強者でいたい

根源的な欲求ほどではないが強い欲求

- 掘り出し物を見つけたい
- 節約・利益を上げたい／得をしたい
- 人が知らない情報がほしい
- 好奇心を満たしたい
- 効率良くいきたい
- 身体や身の回りの環境を清潔に維持したい
- 信頼性が高く、上質なものが欲しい
- 便利なものがほしい
- 美しさ（かっこよさ）、流行を表現したい

LPの鉄板構成要件

未来・結果の想起	顧客がサイト離脱判断をする時間は3秒。この間に商材がもたらす未来や人生の変化を訴えかけます
問題提起	根源的欲求の実現の上でありがちな様々な問題を提示します
問題解決方法提示	理想の問題解決方法を提示します
問題解決する上での課題提起	その問題を解決する上で課題になることを提示します
課題解決策の提示	その課題の解決策を提示します。また、その解決策が自社商材が提供する価値であることを提示します
証拠の提示	自社商材がなぜその課題を解決できると言えるのか、信じられる理由となる証拠を示します
共感・信頼性の提示	自社商材を使っている顧客の声、人気度・知名度・信頼性を示す情報を提示します
想いや開発ストーリー	商材にかける想いや開発ストーリーを熱く語ります
クロージング	今申し込むべき理由を提示し、損をしないことを保証、「また今度でいいや」と思わせないクロージングをします

セールスストーリーや、テキストコピー、クリエイティブなど、販売のために使用する素材は全てこの根源的欲求への訴求を原点として組み立てていきましょう。コピーライティングにおける名言として、**「人は感情で行動し（購買する意思を持ち）、論理で正当化する（購買決定をする）」**というものがあります。

　どれだけ EC サイト上で丁寧で分かりやすい説明がされていても、人の根源的欲求へ訴えかけ感情を動かさなければ、顧客はその説明に辿り着かないということです。

　この根源的欲求一覧は「プロダクト／マーチャンダイジング」プロセスでも解説した、独自性の高いプロダクト発想の起点となるべき「顧客課題解決 or 自己実現 or 欲望充足」の具体例とも言え、**マーケティング／チャネルプロセスはプロダクト開発の時点から一貫したつながりを持っているべき**です。

▍サイト情報で常に意識すべきこと

　CVR の高い販売サイトを作り上げるための改善で強く意識すべきポイントも記載します（図 7-26）。

　LP や販売サイトの改善においては、なぜか多くの担当者が「手触り感」を置き去りにして考えがちです。LP や販売サイトは自社の「販売店」であり、「セールスパーソン」です。

　つまり、自身がリアル店舗でお買い物をする際に「こんな状況になったらお店を出てしまうな・購入をためらってしまうな」という状況や状態をサイト上で決して再現してはいけません。

　サイトの改善方向性や指針について迷った際には、「リアル店で例えるとどんな状態か」ということに常に立ち返って考えることで誰でもあるべき改善に向かうことが可能になります。

✅ **あらゆる人にとって、根源的欲求が購買決定を強く左右する**
⇒ 人の根源的欲求のうち、自社商材はどの欲求に訴えかけるものなのかを強く意識し、その欲求に対して説得をかける

✅ **顧客は、サイトTOPを閲覧後、3秒で離脱の判断をする**
⇒ FV（ファーストビュー）の掴みが最も重要。A/Bテストは必ずFVから

✅ **顧客は、今まで思ってもいなかった変化やメリットをいつも求めている**
⇒ 商材がもたらす変化やメリットにフォーカスをする

✅ **顧客は、書いてあることを信じていない**
⇒ 自社の一方的な情報だけではなく、第三者や権威者の声によって信頼を担保する必要がある

✅ **顧客は、LP到達時点では何かを購買しようとは思っていない**
⇒ セールストークに入る前に、ニーズや課題感を高める導入をすること

✅ **顧客は、感情で購買をし理論で正当化する**
⇒ 顧客が「なぜ買うべきか」を言語化し整理するための手助けをする

✅ **顧客は、いつでも離脱できる状況にいる**
⇒ 顧客が離脱をするタイミングを極小化する（ページ遷移、フォームエラー、読み込みスピードなど）

✅ **Webでの購入には、常に大なり小なり不安がある**
⇒ どんなに軽微な内容でも、保証や特典を付けることで購買を妨げる心理不安を排除する

商材特性別 D2C グロースモデル

　最後に商材特性の大分類に合わせた事業成長ステップや、必要なサイト構成・機能について解説をして話を終えます。

　ここまで解説した様々なセオリーを踏まえ、D2C の基本的な事業成長ステップは事業特性に合わせて 2 パターンに大別されます。自社が展開しようとしている事業特性に適したパターンとステップを選択することで、無駄がなく失敗率が最小化された状態で事業推進が可能です。D2C の成長不振は、成長ステップの選択間違いに起因することも多いため、正しい認識と選択をした上で進みましょう。

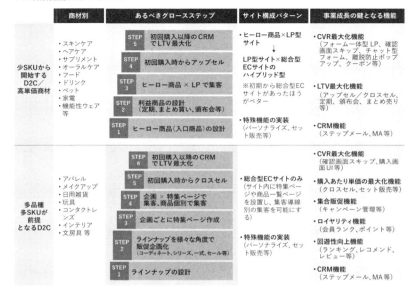

7-27：商材特性別D2Cグロースモデル

商材別	あるべきグロースステップ	サイト構成パターン	事業成長の鍵となる機能
・スキンケア ・ヘアケア ・サプリメント ・オーラルケア ・フード ・ドリンク ・ペット ・家電 ・機能性ウェア 等 **少SKUから開始するD2C／高単価商材**	**STEP 5** 初回購入以降のCRMでLTV最大化 **STEP 4** 初回購入時からアップセル **STEP 3** ヒーロー商品 × LP で集客 **STEP 2** 利益商品の設計（定期、まとめ買い、頒布会等） **STEP 1** ヒーロー商品（入口商品）の設計	・ヒーロー商品×LP型サイト ↓ LP型サイト×総合型ECサイトのハイブリッド型 ※初期から総合型ECサイトがあったほうがベター ・特殊機能の実装（パーソナライズ、セット販売等）	・CVR最大化機能（フォーム一体型LP、確認画面スキップ、チャット型フォーム、離脱防止ポップアップ、クーポン等） ・LTV最大化機能（アップセル／クロスセル、定期、頒布会、まとめ売り等） ・CRM機能（ステップメール、MA等）
・アパレル ・メイクアップ ・日用雑貨 ・玩具 ・コンタクトレンズ ・インテリア ・文房具 等 **多品種多SKUが前提となるD2C**	**STEP 6** 初回購入以降のCRMでLTV最大化 **STEP 5** 初回購入時からクロスセル **STEP 4** 企画 × 特集ページで集客、商品個別で集客 **STEP 3** 企画ごとに特集ページ作成 **STEP 2** ラインナップを様々な角度で販促企画化（コーディネート、シリーズ、一式、セール等） **STEP 1** ラインナップの設計	・総合型ECサイトのみ（サイト内に特集ページや商品一覧ページを設置し、集客導線別の集客を可能にする） ・特殊機能の実装（パーソナライズ、セット販売等）	・CVR最大化機能（確認画面スキップ、購入画面UI等） ・購入あたり単価の最大化機能（クロスセル、セット販売等） ・集合販促機能（キャンペーン管理等） ・ロイヤリティ機能（会員ランク、ポイント等） ・回遊性向上機能（ランキング、レコメンド、レビュー等） ・CRM機能（ステップメール、MA等）

少SKUから開始可能な事業

　まずは少SKUから開始するD2Cビジネスや、高単価商材を取り扱うD2Cビジネスです。商材の例としては、スキンケア、ヘアケア、サプリメント、フード、ドリンクなど、D2Cでメジャーな商材の多くはこのパターンに該当します。

　このパターンでは、ヒーロー商品（入り口商品）をまず設計し、次にその商品の購入単価や購入回数、つまりLTVを長くし利益化しやすくする引き上げオファー／プランの内容を検討します。例えば、定期販売、まとめ売り、頒布会などが当たります。

　そのヒーロー商品を訴求するLP型サイトへ集客をし、初回購入時に設計したアップセルに引き上げる導線も必ず入れた上で販売を進めます。そ

の後、初回購入以降の CRM や商品ラインナップ拡大を繰り返し、LTV 最大化を狙っていきます。

　この際のシステム機能としては、CVR を最大化するための機能、LTV を初回購入時から最大化していくための機能が最も重要です。

多 SKU から開始する事業

　ジャンルによっては、初期から様々な商品ラインナップの用意が必要な多 SKU 展開前提のジャンルも存在します。例えば、アパレル、メイクアップ、雑貨などが商材の例です。

　このパターンの場合は、ジャンルや販促企画など、販促したい塊や購入ニーズが近くなりやすい群として初期ラインナップの商品を括り定義します。例えば、集合セール企画として括る、コーディネートとして括る、シリーズや一式ものとして括るなどです。そして、これらの括りごとに主に総合型 EC サイト内に特集ページを作成し、その括り単位で訴求をして集客し、販促企画で訴求する中で提示した購入選択肢の中から複数を合わせて購入いただく流れを繰り返していきます。

　販促企画によっては、LP 型サイトを活用し、間接 LP 類型で例示をした「事前会員登録 LP」によって事前の見込み顧客リスト収集と、定期的な販売開始の流れを作り、集客と見込み顧客リスト獲得を効率よく併せてマーケティングを行う場合もあります。

　特に D2C では「サイトに訪れるべき理由」を作ることが集客上重要なため、限定性のある商品販売、新商品の先行販売、在庫入荷案内などは相性が良く、この通常集客以外の人流を作るために商品企画を行う場合もあります。

　このパターンで重要なシステム機能は、事業要件に合わせて分散しやすいものの、このパターンでも共通して重要なのは、CVR を向上させるための機能や、初回購入時から LTV を上げる工夫を入れるための機能です。また、このパターンでは販促企画ごとに効率的に販促活動をしかけて

いくための集合販促機能や、サイト再訪問のきっかけを効率よく作るためのロイヤリティ機能や CRM 機能、顧客のニーズにマッチした商品発見機会を最大化するレコメンド、ランキング機能なども重要です。

　各パターンに応じて最低限必要な販売サイトは異なりますが、どちらのパターンから開始しても、事業の成長に伴って LP 型サイトと総合型 EC サイトをかけ合わせたハイブリッド型を目指していきます。

　それぞれの販売サイト型のイメージをリアル店舗で例えると、LP 型サイトが販売に特化した販売店、総合型 EC サイトが様々な目的を叶えるブランド旗艦店といった位置付けになります。

　拡張イメージとしては、特定商品の販売に特化した販売店がどんどん増えながら旗艦店を構える、旗艦店から開始し販売店を増やす、旗艦店のみで拡張を続ける、販売店のみで拡張を続けるなどといったイメージをすると分かりやすいと思います。

7-28:商材特性別D2Cグロースモデル

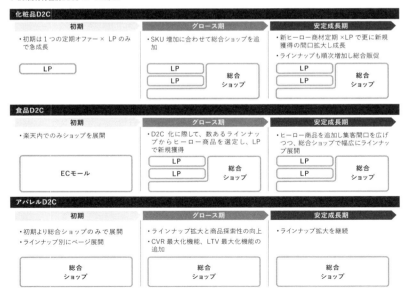

第 8 章

CRM と LTV

顧客に消費し続けていただける関係性を構築し、
顧客の資産化度合いを高める

D2Cビジネスの競争力や将来性は、**自社顧客のLTV水準の高さ**で大きく変わります。LTV水準が高い状態であれば、他社より少ないコストで利益を上げられ、他社よりも圧倒的に高いマーケティング投資ができ、これは事業パフォーマンスに直結するためです。

つまり、いかにLTVを上げ、顧客資産化度合いを高めていくかがD2Cビジネスの本質であり、キモと言えます。

第1章で解説した通り、D2C市場の環境も変化しており、競合が増えデジタル広告単価が上がり続けています。また、OEMによるモノづくりのハードルが下がる中で、商品のみでの差別化は難しく、せっかく獲得した顧客もすぐに別の商品に移ってしまうリスクも上がっています。

このような環境の中で、CPA水準を劇的に下げて顧客獲得量で売上を競うことはますます困難になってきています。D2C化の意義だけでなく、今後の市場環境予測を踏まえても、顧客の資産化度合いを表すLTVの水準が高い事業を目指す重要度は上がっています。

D2CのCRM／LTVプロセス

CRM／LTVプロセスでは、顧客の購入回数、購入単価を増やすための設計やアクション全般を通して、D2Cの普遍的な競争力の源泉である**「LTV水準の高い事業体質」**の構築を目指します。

本題に入る前に、CRMとは何を指すのかを考えていきます。

一般的にCRM（Customer Relationship Management）は、顧客との関係性を管理することと言われます。これが一部では「顧客のファン化」と定義されたり、「ツール導入をしてセグメントメルマガ配信をすること」とされていたりもします。

しかし、これらは定義として不十分と言えるでしょう。CRMは**「ブランドや店舗における価値提供や信頼獲得を通して、継続的に顧客が自社店舗を訪れ商品やサービスを消費する状態を構築し、顧客あたりのLTVの最大化を目指す活動」**というのが私たちの考えです。

つまり、ブランドに対して好意的な関係性であることは必須ではなく、ツールを活用したメルマガ配信も CRM のプロセスの1つに過ぎません。この視点で CRM ／ LTV プロセスを捉えると「SCM・CS・ショップ運営の品質向上」といった、一般的に CRM の範疇として言及されづらい領域も対象になります。

CRM による成果（購入回数増加と購入単価増加）は、顧客メリットを作ることが前提となるコミュニケーションを通して、

①**新たに消費してもらう**：顧客にもともと購買習慣がなかった商品について、自社店舗での購買習慣を持ってもらう

②**自社を選んでもらう**：顧客にもともと購買習慣がある商品について、自社店舗での消費シェアを上げる

③**使い続けてもらう**：顧客が自社店舗で消費している消費シェアを下げない

このような状態を目指していきます。あくまで商売としては、最終的に「様々なニーズのマッチや価値提供を通して、より多くの消費をしていただく」ことを目指すべきであり、ただ良好な関係の構築が目的ではないことにはご留意ください。

CRM 活動を通した LTV の高め方は、自社の顧客基盤を軸にして、売り方や売るもの自体の変革も実現しながら、自社に集まる消費を増やすことで実現していきます。

CRM を通してこの状態を構築し、LTV 最大化を目指すための基本的な進め方は、次のようになります。これらは「D2C THE MODEL」のうち、当領域における主活動をより具体化したものです。

8-1:D2CのCRM/LTVプロセス

STEP1	STEP2	STEP3	STEP4	STEP5
基盤作り	現状可視化と目標定義	収益源作り	信頼構築とコミュニケーション作り	個別施策PDCAとOS施策化のルーティン作り

- ・事業基盤の構築
- ・データ基盤の構築

- ・各種LTV関連基礎数値
- ・RFM分析
- ・RPMによるルートの可視化
- ・理想のカスタマージャーニー定義やシナリオ設計
- ・目標設定

- ・新プロダクト(新オファー)や新サービス開発
- ・既存顧客向けの販促企画やロイヤリティ施策設計

- ・顧客との信頼構築
- ・有益なコミュニケーション構築

- ・個別施策のPDCA運用
- ・成功施策のOS施策化

STEP1　基盤作り

　LTV を最大化するための手前の工程として、事業基盤（関与者全員でミッションやバリュー、事業戦略、販促情報設計の共有や浸透がされている状態）、データ基盤（顧客関連データや事業実績データが可視化できる状態）の構築をします。

STEP2　現状可視化と目標定義

　LTV の関連指標（購入回別リピート率、アップセル／クロスセル率、既存顧客数、購入回数、購入単価など）、RFM 分析、RPM によるルートの可視化、理想のカスタマージャーニー定義やシナリオ設計などを通して、事業の現状を可視化します。また、収益インパクトシミュレーションを通して、各種数値をどう変えていきたいか目標設定をします。

STEP3　収益源作り

　新プロダクトや新サービスの開発、既存顧客向けの販促企画やロイヤリティ施策などを通して、既存顧客の購入回数増加と購入単価増加のための手段を設計し、収益源を増やします。

STEP4　信頼構築とコミュニケーション作り

　CS、フルフィルメント、ショップ運用の品質向上を通して、顧客の商

品満足や店舗満足度が高い状態を構築し、CRM 活動の土壌となる信頼を蓄積していきます。

　D2C では、商品の価格や機能性といった従来のメーカーの競争軸のみで戦うのではなく、「誰から買うのか」という、店舗としての信頼性を組み合わせて戦うことが求められます。

　こうして顧客の信頼蓄積をした上で、STEP2 で設計したシナリオを基に、顧客との各直接接点でのコミュニケーションを構築します。

STEP5　個別施策 PDCA と OS 施策化のルーティン作り

　STEP4 のコミュニケーション作りにおいて、最初は個別施策を積み重ね、精度を上げることに注力して運用していきます。また、個別施策で一定以上の効果が認められたものは、全て基本運用として OS 施策化（定常施策化）していきます。

　第 8 章で紹介した RPM（ルートポートフォリオマネジメント）による傾向理解、カスタマージャーニーの理解によって、どんな状態に持っていくと LTV が上がりやすいか、どんな種別の顧客がどんなシーンであれば購買意欲を持ちやすいか、といった分析結果もこの OS 化施策として反映させていきます。

CRM ／ LTV プロセスの各施策

　ここまでが CRM ／ LTV プロセスにおける一連の活動になりますが、各施策種別についても解説をしていきます。

8-2：CRM／LTVプロセスの各施策

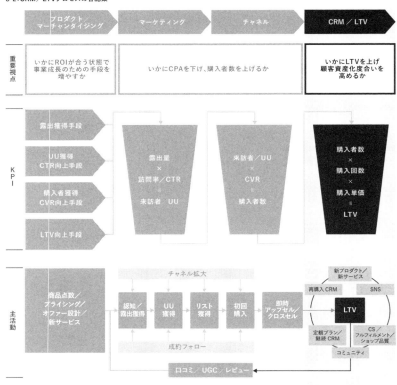

CRM ／ LTV 施策種別

①新商品開発

　第6章で解説をした通り、新商品開発は既存購入者向けのオファーやプラン設計などと合わせることで、購入回数や購入単価を上げやすくするLTV向上の手段になります。

　新規顧客向けのプロダクト開発の観点と異なり、すでにヒーロー商品の購入を通して顧客接点を持ち、信頼性を得られる状態が前提になります。そのため、ヒーロー商品が訴求している深い顧客課題や欲求に関連し、それらの解決や充足の度合いをさらに高めるための観点で、顧客の周辺ニーズを捉えた商品開発を重視していきます。

②新オファー／新プラン開発

　こちらも第6章の内容に関連しますが、すでに購入経験のある既存顧客だからこそ魅力的に感じるオファーやプランを開発します。既存顧客向けのクーポンやセールといった販促企画も、この施策に含まれます。

③ CRM

　前述のSTEP解説にも含まれていますが、既存顧客に向けたコンテンツ企画とコミュニケーション設計全般に焦点を当てた施策種別です。信頼と有益なコミュニケーションを蓄積することで、顧客にとっての「この店舗で買い続けてもいい」状態を作ることを目的に施策を打っていきます。

　コンテンツやコミュニケーション設計の第一歩としては、次の問いを解消するための観点で内容を組んでいくと良いでしょう。

- ・顧客が抱えている課題や心理欲求は何か。それらを顧客自身は把握できているか。
- ・顧客は、自社が提供する商品の果たす役割やその必要性を理解しているか。使い続ける必要性を理解しているか。
- ・顧客は、自社が提供する商品の全体ラインナップを理解しているか。

・顧客は、自社が提供する商品の購入すべきシーンを理解している
か。
・顧客は、自社が提供する商品の評判を理解しているか。
・顧客は、自社が提供するサービス内容や品質を理解しているか。

④ SNS

　SNS は一般的に「見込み顧客獲得の手段」と思われがちです。しか
し、SNS 上には様々なアカウントやインフルエンサーが存在する中で、
いちブランドが SNS を通じて関係性を作り、購入していただける関係
性になるまでには非常に距離があるのが実態です。

　また、フォロワーを増やすことと見込み顧客を増やすことは、運用の
方向性が必ずしも一致するわけではありません。したがって、ゼロから
見込み顧客を獲得するのではなく、既存顧客に継続的に魅力を伝えるた
めのアカウントとして運用を始めることで、効率の良いアカウント育成
が可能です。

　SNS アカウントへの注力度合いが高いブランドは、日々コンテンツ
を提供するだけに留まらず、顧客のメッセージやコメント投稿に対する
返信、ライブ配信の開催など、「コミュニケーション」を重視した運用
を必ず行っています。

「商品販売につながる SNS アカウント」は、クリエイティブな投稿の
みでは決して成り立たず、高頻度で丁寧な直接コミュニケーションが繰
り返されることで実現されていることも忘れてはいけません。

⑤ PR ／イベント

　SNS と同様に、新規の見込み顧客獲得の手段とされがちなのが PR や
イベントです。

　しかし、当施策も全く関係性のない顧客に向けるのではなく、すでに
接点を持っている顧客に向けて施策を設計することで、新規向け施策よ
りも堅いリターンが見込めることが多いでしょう。

⑥ロイヤリティ施策

　既存会員に特化したロイヤリティ施策を通して、顧客が店舗へ再訪問するきっかけや習慣を作ることを目指します。

　ロイヤリティ施策は、売上が立たなければ実際のコストは発生せず、顧客にとってはお金同等の経済価値としてインセンティブになる、という特性を持ちます。ロイヤリティ施策は大きく、ポイントやマイレージなど貯蓄性を持たせて効果を得るインセンティブ、期間限定クーポンなど締め切り性を持たせて効果を得るインセンティブがあり、シーンによって使い分けが必要です。

　どちらにも共通するのは、顧客にとっては経済価値が感じられない場合は効果を発揮しないため、常に魅力的な見せ方とインセンティブ設計はセットで考えるべきということです。

⑦コミュニティ

　見込み顧客や既存顧客向けのコミュニティを形成することで、ブランドと顧客のコミュニケーションを増やし、顧客間のコミュニケーションを増やすことを目指し、顧客の興味関心や信頼性が高まることを狙います。

　「コミュニティ施策＝コミュニティを作ること」と考えてしまうと、失敗に陥ることが多い点には注意をしましょう。コミュニティの本質は、顧客がブランドやブランドの関与者との双方向的な関係性をより強めたくなるような状態づくりです。

　コミュニティという箱を作ることを目的にするのではなく、顧客が能動的にブランドに関与やコミュニケーションを図ったり、顧客間でその状態が生まれる場所やコンテンツを継続的に提供したりすることが重要です。

CRM ／ LTV の KPI 改善ドライバー

　第7章で掲載した内容と同様に、「D2C THE MODEL」の CRM ／ LTV に関する KPI に関連する改善ドライバーを紐づけたものが図 8-3、4 の通りです。顧客獲得と同様に、どのような施策の方向性に応じて、どの KPI 改善ドライバーが改善し得るかを理解する際にお役立てください。

8-3：CRM／LTVプロセスのKPI改善ドライバー

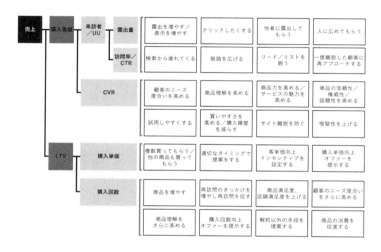

● CRM 成果最大化の重要観点

　CRM 施策では精度を上げることが志向されがちですが、重要な考慮事項として**「施策と対象セグメントの精度が上がれば上がるほど、対象分母は少なくなる」「CRM 施策にも広告費ほどではないにせよ、コスト原資がかかる」**ということが忘れられがちです。

　CRM 施策の成果は**「施策コストに対し、売上利益が上回っている状態」**であり、施策の精度を上げること自体は正しいのですが、図のように施策精度を上げるためにセグメントを絞れば絞るほど、施策回数が必要と

KPI	改善ドライバー	説明	施策種別／施策例
購入単価	複数買ってもらう／他の商品も買ってもらう	・アップセルやクロスセルを通して客単価向上を促します	・アップセルオファー導入 ・追加購入レコメンド　等
	適切なタイミングで提案をする	・顧客の状態を加味して、最も自然なタイミングで状態に合わせたアップセル／クロスセルオファーを提案します	・チャットボット内アップセル ・サンクスページオファー　等
	客単価向上インセンティブを設定する	・客単価向上のためのインセンティブ設計をし、客単価向上を促します	・送料バー設定 ・まとめ売りインセンティブ　等
	購入単価向上オファーを提示する	・事業者にとっては購入単価向上になり、顧客にとってはメリットのあるオファーを提示することで購入単価向上を促します	・セット販売　等
購入回数	商品を増やす	・既存商品と同カテゴリ、別カテゴリでの商品バリエーションを増やし、顧客の再購入のきっかけを増やします	
	再訪問のきっかけを増やし再訪問を促す	・顧客が改めてECサイトを訪問したくなるニュース作り、情報発信、インセンティブ提供を通して再訪問数を高めます	・公式LINE運用 ・SNS運用 ・シーズン販促　等
	商品満足度、店舗満足度を上げる	・商品満足度や店舗満足度を高め、次回利用意向を高めます	・商品改善 ・EC運営品質改善　等
	顧客のニーズ度合いをさらに高める	・CRMコミュニケーションを通して顧客の商品ニーズをさらに高めます	・CRM施策
	商品理解をさらに深める	・商品やブランドに関する顧客理解を高め、利用意向を高めます	・CRM施策
	購入回数向上オファーを提示する	・事業者にとっては購入回数向上になり、顧客にとってはメリットのあるオファーを提示することで購入回数向上を促します	・定期オファー ・頒布会オファー　等
	解約以外の手段を提案する	・定期購入に関して、解約以外の選択肢を提案することで解約の選択率を下げます	・代替オファー提案 ・定期スキップ促進　等
	商品の消費を促進する	・商品の正しい利用方法のガイドなどを通して顧客の商品消費を促進し顧客の次回購入ニーズを高めます	・CRM施策

いうトレードオフでもあります（図8-5）。

　また、CRMは基本的に既存顧客に向けたものですが、第7章でも解説した通り、顧客は初回購入の直後から既存顧客と分類されます。したがって、購入直後の最もホットなタイミングからCRM施策のスコープと捉え施策を打つことも非常に重要です。

　これらを踏まえ、
　　①購入直後からLTV見込みが高い顧客が生まれやすくなるよう、最短で顧客LTVを高める施策を購買導線に組み込むことを徹底する。
　　②CRM施策の精度を上げ、施策あたりROIを高める。
　　③精度を高めたCRM施策は、ツールを活用してOS化することで施策回数を高める。
　これがCRM成果最大化のための重要観点です（図8-6）。

　CRM施策に特化した人員リソースもコストのうちであると考えると、適切な施策を設計し、その施策を精度高く高速回転するためのリソースを代替してくれるMAツールなどは、ある一定規模以上からは必ず導入すべきでしょう。
　広告費のような目に見えやすい出費がないがゆえに、無限にリソース・コストをかけられるかのように思われがちなCRM施策ですが、実際には有限であるリソース・コストの中で、成功率の高い施策を開発し低リソースで繰り返し打てる仕組みの構築が重要なのです。

8-5:CRM成果最大化の重要観点

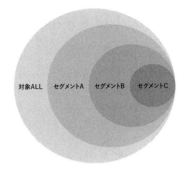

8-6:CRM成果最大化の重要観点

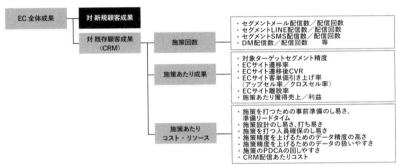

● D2C の主要な CRM ／ LTV 向上施策一覧

　D2C で一般的な CRM ／ LTV を向上させる施策の具体例は図 8−7 の通りです。オリジナル施策を設計する前に、一通り自社に合わせて内容を組み替えながら、導入すべき施策の例として参考にしてみてください。

No	方法	説明	即効性
1	高LTVオファーの導入 オファー改善	・定期販売、まとめ販売、セット販売など、LTVが高まりやすい販売モデルを導入し顧客獲得と同時にLTVが上がりやすい状態を作ります	◎
2	縛り定期	・定期購入に最低購入回数を設定し、購入に至ったら最低LTVを確定できる施策です。専用のインセンティブ設計と組み合わせてアップセル専用オファーとしたり、最低購入回数が必要な専用サービスと組み合わせた特別な定期プランなどで活用されることが多いオファーです	◎
3	サンクスページアップセル／クロスセル	・サンクスページでアップセルやクロスセルをしかけ、購入後即時にLTVを引き上げます	◎
4	チャット型 フォーム内アップセル	・チャット型フォーム内でアップセルをしかけ、購入後即時にLTVを引き上げます	◎
5	コールセンターCRM／CSチャットボット内解約抑止	・顧客の定期オファーの解約理由に応じて、コールセンターでのCS対応や、チャットボットでのCS自動対応で定期解約を抑止し継続率を向上させます	○
6	特定決済方法での 購入促進	・LTVが高く出やすい決済手段の利用促進をし、LTVが高い顧客を増やします	◎
7	ステップメール／LINEステップ	・LTVが高まる顧客シナリオを設計し、その内容に合わせたコンテンツのステップ配信をして再購入率を高めます	△
8	啓蒙同梱物	・特に初回購入時の同梱物にブランドブックや、利用ガイドを封入し、顧客の商品理解を強め、継続利用の重要性や購入時には知らなかったサービスなどを適切に理解していただくことを狙います	△
9	メルマガ／DM配信 LINEアカウント運用	・既存顧客向けの販促企画や、有益なコンテンツ提供を通して顧客の再購入率を高めます	○
10	会員限定 サービス設計	・サブスク会員や有料会員に対する専用サービスを用意し、定期の解約率を下落させる、専用販促をする、リカーリング収益を作り出すなど様々な観点でLTV関連KPIドライバーを改善する施策です	○
11	会員ランク／ポイント制度の導入	・会員ランクやポイント制度を導入し、ロイヤリティに応じたリワーディング制度によって再購入率を高めます	△
12	送料無料バー設置	・送料無料バーの設定で客単価を引き上げます	◎
13	SNS運用 オウンドコンテンツ運用	・既存顧客に対する有益なコンテンツ設計と提供をSNSやオウンドコンテンツを通して行います。9の各接点でのコミュニケーションに活用することで店舗の信頼性を高める効果も狙います	△
14	既存顧客向け 販促企画	・合販促（会員限定セール、ポイント●倍セール等）、シーズナル販促、記念日販促、休眠キャンペーン／離脱者向けキャンペーンなど、既存顧客向けの様々な販促企画を定期的に打ち、顧客の再購入率を高めます	○
15	商品ラインナップ拡充 クロスサービス開発	・商品ラインナップを拡充し、既存顧客の他のニーズを捉えられるようにしCRM活動に活かします。物販だけで捉えるのではなく、非物販サービス開発でLTVを向上させられるのもD2Cならではです	○

CRM／LTV プロセスにおける分析設計

　続いては、当プロセスでの分析に活用される一般的な手法についてご紹介していきます。

① LTV 分析／リピート分析

　[概要] 初回購入から F2、F3、F4 など購入頻度別のリピート率（離脱率）、リピート率から算出した 1 人あたり購入回数、購入回数分布、購入単価、購入頻度、アップセル／クロスセル実績、併売傾向などを分析していきます。定期販売の場合はオファー別のリピート率の把握、非定期販売の場合は購入回数分布、購入金額分布の把握が特に重要です。LTV は「12 〜 24 ヶ月」の範囲で計測するのが一般的です。

　[目的] この分析では実態 LTV の把握、時系列に応じた将来 LTV 見込みの基準値の把握、LTV を構成する各数値の実態と改善余地の把握などを目的とします。LTV の算出方法はいくつか存在しますが、把握すべき精度に応じて算出方法を使い分けることをおすすめします。算出方法例は次の通りです。

8-8:LTV算出方法

・LTV=（計測期間内の合計売上 − 合計販売原価）÷ 計測期間内の合計ユニーク購入者数
　　例：（1,000,000円 − 400,000円）÷ 50人＝12,000円

・LTV=平均購入単価 × 粗利率 × 平均購入回数
　　例：5,000円 × 60% × 4回＝12,000円

・LTV=平均購入単価 × 粗利率 ÷ 月次解約率
　　例：5,000円 × 60% ÷ 25%＝12,000円

・購入回別（時系列）LTV=
　　　（F1購入金額 − F1販売原価）× F1生存率（購入成功率）
　　＋（F2購入金額 − F2販売原価）× 累積生存率（F1累積生存率 × F1→F2継続率）
　　＋（F3購入金額 − F3販売原価）× 累積生存率（F2累積生存率 × F2→F3継続率）
　　＋（F4購入金額 − F4販売原価）× 累積生存率（F3累積生存率 × F2→F3継続率）
　　　　　　　　　　　　　　　　：
　　　　　　　　　　　　　　　　：
　　＋（F12購入金額 − F12販売原価）× 累積生存率（F11累積生存率 × F11→F12継続率）

② RPM（ルートポートフォリオマネジメント）分析

[概要] 第 7 章の RPM によって、顧客獲得ルート別の実態把握を行います。「集客手段／媒体」「訴求／クリエイティブ」「購入サイト／決済手段」「商品／オファー」の組み合わせを 1 ルートとして、各ルートの LTV と CPA を算出し、最も効率良いルート傾向を把握します。

[目的] 各ルート別の CPA 上限に応じて、適切な予算配分をして全体顧客獲得数を上昇させながら、総売上を上げても黒字が見込める適切な投資判断を可能にします。

③ n1 分析／顧客属性分析

[概要] EC システム内のデータや広告媒体データを基に、顧客の属性傾向を分析します。

LTV 分析なども加味して、ポジティブグループとネガティブグループそれぞれに直接インタビューなどを通して n1 分析をすることで、事業全体に共通した改善に活かせるインサイト発掘にも役立てます。

[目的] 顧客属性に応じた傾向を把握し、マーケティング・CRM 施策に活かすことを目的とします。n1 分析では必ず事前設計の上で、誘導しすぎないインタビューを心がけます。顧客分析については、専門書や WEB 上のノウハウ情報なども活用しながら正しく進めましょう。

④ RFM 分析

[概要] R（Recency）＝最終購入日からの経過日数、F（Frequency）＝購入頻度・回数、M（Monetary）＝累積購入金額、の軸をそれぞれかけ合わせて顧客を分析し、各軸の側面から自社店舗での顧客の消費実態をセグメント分類して把握します。

[目的] 優良顧客やこれから消費を増やしていただけそうな有望顧客、離脱顧客など、アプローチを分けるべき顧客群をセグメント分けして把握し、各セグメントに応じた適切な CRM 施策を設計可能にします。

ここでは「顧客セグメント別消費実態の特定」と「顧客セグメントに応じた適切な対策」が目的です。**ここで考慮すべきは、D2C チャネルは**

「顧客にとって購入習慣が根づいていない店舗」であるということです。
そのため、Frequency を上げるための施策をまず重視し、一度消費して
いただいた顧客に対していかに定期的に自社店舗で消費していただける習
慣を作るかを優先的に取り組みましょう。

　また、D2C で定期オファーでの顧客獲得を重視されることが多いのは
この背景事情に起因し、理にかなっています。非定期販売においても、こ
の Frequency を上げる施策が鍵を握るのは同様です。

　一般的な RFM 分析の図をイメージすると想像しにくいかもしれません
が、D2C においては F2、F3 を突破する壁が最も厚く、ここを突破でき
るかどうかが事業初期のポイントになるのです。

8-9:RFM分析

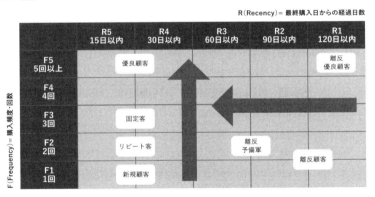

カスタマージャーニーを用いた CRM ／ LTV 施策設計

　顧客に自社店舗で定期的に消費をする習慣ができていること（顧客が資産化できている状態）を目指すには、**「顧客の生活におけるポジティブシーンを機会と捉えた施策設計」**と**「ネガティブを取り払い、消費の障壁をなくす施策設計」**が必要です。

　このポジティブシーンと取り除くべき障壁を可視化し、適切な施策を設計するのに役立つのがカスタマージャーニーです。通常、カスタマージャーニーは顧客獲得時点から設計することが多いですが、CRM ／ LTV 施策設計に焦点を当てて考えるために、一度顧客が購入した後に特化したカスタマージャーニーを用いることを推奨します（図 8 - 10）。

　カスタマージャーニーは、理想や空論で組み立てても何も効果を発揮し

8-10：カスタマージャーニーマップ

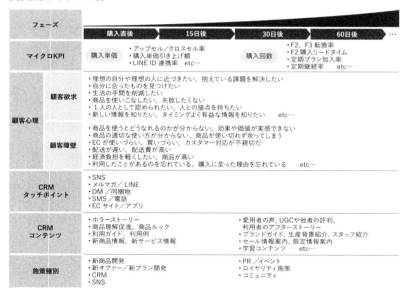

ません。顧客欲求とその充足具合のギャップを生む障壁の排除が重要であるため、「プロダクトの性質や販売手法、マーケティング運用内容、顧客の実態」を踏まえた精度の高い仮説をまず可視化しましょう。

その仮説に対して、LTV を向上させるための関連 KPI 目標から施策設計を進めることで、実際に効果が出る CRM 施策の設計が可能になります。これらの仮説は、n1 分析などを通して、自社顧客の実態に合った精度の高い内容に適宜変えていきましょう。

また、顧客フェーズが深まれば深まるほど、ロイヤル顧客は緻密なアクション設計がなくとも良好な状態が維持されやすく、逆に非ロイヤル顧客はアクション反応率が悪化する傾向にあります。この傾向からも、**CRM ／ LTV プロセスで手厚く対策すべきは初回購入直後に近いタイミング**であることを理解し、施策設計をしていきましょう。

● CRM を行うタッチポイント

一般的には LINE やメルマガが代表的ですが、配送物に入る同梱物も顧客の閲覧率は高く、デジタルタッチポイントよりも顧客の視認性も高いため非常に有用です。

また前述の通り、既存顧客に向けた SNS 運用や SNS アカウントでの顧客との直接コミュニケーションも手間はかかりますが、顧客の情報アクセスハードルが低く、有益な情報を届けつつ手厚い対応で顧客の信頼を得るためのタッチポイントとして推奨されます。

● 再購入意向の向上につながる CRM コンテンツ

前ページの図にある CRM コンテンツは、同じ図にある顧客心理（欲求と障壁）に対して顧客に刺さりやすいコンテンツ例です。顧客が今どんな心理だと考えられ、それにどんな内容のコンテンツを提供するとその心理ギャップが埋まり、次の購入意向につながるかが CRM コンテンツ設計では非常に重要です。簡単にそれぞれの内容を説明します。

[ホラーストーリー] 商品を使わない、使い続けないことで、顧客がどん

な状態に陥る可能性を「ホラーストーリー」として提示します。

[商品理解促進／商品ルック] 商品の機能性や成分など、詳細情報の丁寧な解説やルック画像を通して、購入時に理解しきれていなかった魅力や事実を伝えて期待感を高めます。

[利用ガイド／利用例] 商品の正しい使い方や利用方法を解説し、顧客が正しく商品を利用する手助けをします。これは顧客が適切に商品を消耗し、使い切ることで次回購入ニーズの発生を促進する効果も期待できます。

[新商品情報／新サービス情報] 新商品や新サービスの情報をいち早く提供し、顧客が自社ブランドで追加の消費をしていただくことを促進します。過去利用時の満足度が一定以上高かったり、直近世の中で改めて話題になっていたりなどの事実が組み合わさると、休眠顧客が再消費を行う強いきっかけにもなります。

[愛用者の声／ UGC や他者の評判／利用者のアフターストーリー] 利用頻度に応じた既存愛用者が、それぞれどんな感想や評価をもっているか、他者がどんな口コミや UGC を発信しているか、利用者が商品を使い続けたアフターストーリーなど、ブランド主語ではなく第三者からの発信で信頼性や期待感を高めていきます。

[ブランドガイド／生産背景紹介／スタッフ紹介] ブランドストーリーやラインナップなどブランド概要全般を知っていただくためのブランドガイド、商品の生産背景の紹介、関与しているスタッフ紹介など、消費者が得難い裏側の情報を提供することで信頼性を高めていきます。

[セール情報案内／限定情報案内] 様々なコンテンツ提供で信頼性や期待感が高まった状態でセール情報や会員限定の情報を案内することで、顧客

の購買タイミングを定期的に作り出します。セール情報だけでなく、PR関連ニュースなども定期的に配信することでブランドが継続的にアクティブに盛り上がっている状態をアピールすることにもつながります。

[学習コンテンツ] 商品に関連する学習コンテンツによって、顧客の関心事項に関する学びを提供し、商品に留まらず満足度を高めていきます。顧客の学習ニーズの高い領域で事業運営をしており、付加価値の高いリッチな学習コンテンツを構築している事業者は、学習コンテンツ自体を有料プランに組み込んで事業展開をしているケースもあります。

● CRM ／ LTV 施策設計アプローチ

　CRM ／ LTV 施策の設計アプローチは以下の3つが代表的です。どれか1つのみ採用すれば良いということはなく、各設計アプローチを通して、多面的な観点による施策設計を推奨します。またどのアプローチでも、事業や顧客の実態可視化、得たい成果の設定が共通して重要です。

[RFM ベース] RFM 分析によって消費実態に応じた顧客のセグメント分類をし、各セグメント群それぞれを優良顧客に近づけていくため適切な施策を設計します。

[カスタマージャーニーベース] カスタマージャーニーに基づいて、顧客の欲求とその充足を阻む障壁を把握し、そのギャップを埋めていくためのコンテンツや施策を設計します。

[RPM ベース] 顧客のルートポートフォリオを可視化し、優良ルートへの投資配分の増加と、優良ルートの要素の他ルートへの横展開を進めます。この横展開すべき要素は、主に CTR や CVR を改善し CPA パフォーマンスを上げる要素、LTV を上げる要素の2つの観点で抽出するよう努めます。また、横展開を進めてもパフォーマンスが悪いルートへの投資配分は可能な限り削っていくことも同時に行いましょう。

顧客満足度を上げ、事業リスクを下げるための CS／フルフィルメント／ショップ運用

　CRM／LTV プロセスを繰り返し成果を上げていくには、店舗やブランドに対する顧客の信頼構築が欠かせません。信頼がないのはもちろんのこと、「また自社店舗に訪れて消費していただく」という目的から考えると、信頼度がニュートラルな状態でもマイナスな状態と言えます。

　ネガティブな買い物体験をしたお店や、何も思い出がないお店では、相当な必要性やプロダクトの魅力がない限り、また何か買おうと思わないとは当然のことです。この当たり前の感覚を決して忘れないことが、D2C で成果を生み出し続けるためにとても重要な視点です。

　顧客に店舗やブランドへの蓄積された信頼がある状態であれば、「ここで購入をしたい」という再購入モチベーションを持っていただくことが可能で、この状態を作ることも D2C ビジネスにおける事業の強みになります。そして、このような店舗やブランドに対する信頼性づくりに大きく影響するのは、CS、フルフィルメント、ショップ運用の品質です。

　これらの品質によっては、店舗やブランドへの信頼度向上につながらず、逆に信頼度を上げるどころか致命的なリスクにもなり得るため、売上利益を上げるためのアクションだけではなく、運営品質の維持や向上にも必ず目を向けましょう。

　ここからは、「事業リスクを下げ、顧客満足度を上げる」ための指標モニタリングと改善について解説していきます。

① EC 運用品質の向上（図 8-11）
　基本的な EC 運用品質が、一般的に求められる品質に到達しているかを確認し、品質が低い部分について適切な改善を行っていきます。「利用者満足度が高い」と評判の EC サイトをベンチマークとして実際に利用し、特にフルフィルメント品質、CS 品質について調査して運用の参考とするのもおすすめです。

□ プライバシーポリシー、特商法に基づく表記、景表法関連表記、利用規約など、顧客に対して遵守する内容、EC 運営上の約束事項や決まりなどは適切な場所に掲示できているか。

□ EC サイト利用に関する FAQ は充実しており、探しやすくなっているか。

□ EC 運用ポリシーや目指す品質レベルを言語化し、運用に携わる全ての関与者に浸透させられているか。

□ テキストでの指示だけではなく、図や写真も使った運用指示書を使ってフルフィルメント事業者や CS 事業者に対して理解のズレが起きにくい業務指示ができているか

□ 在庫は商品特性に合った適切な環境で保管され、汚破損に強い丁寧な梱包の上で出荷対応ができているか。

□ メール、電話での CS 対応は必ず定めた対応期間内に一次対応をし、全ての問い合わせに対して高い応答率で対応ができているか。また、それら全てにおいて丁寧な対応ができているか。

□ フルフィルメントや CS の現場で判断できないトラブルが発生した際に、適切に内部責任者にエスカレーションが上がるホットラインを設けられているか。

□ マニュアル化できていない業務やトラブルが発生し、解消する都度で新たにマニュアル反映できているか。

□ EC サイトの決済手段は国内で主要な決済手段を網羅できているか。

□ EC サイトの購入導線では、顧客のスムーズな情報入力を阻害したり、何度も画面遷移が発生したりしてエラーやストレス発生の要因になる UI を回避できているか。

□ LINE ID との連携や、会員登録など、初回購入以降は CRM コミュニケーションが可能な顧客リストの獲得が徹底できているか。

□ 注文を受けた商品は利用規約内で約束した期間内にお届けできているか。また、配送に関連するトラブル発生時には適切に顧客にお知らせができているか。

□ 一般的なトラブルの応答や対応スピード、特に顧客にとってストレスが強いトラブルの応答や対応スピードに問題はないか。また、トラブルやお問い合わせ内容に応じた対応優先度付けができているか。

□ CS 対応は顧客の過去履歴が適切に蓄積され、参照できるようになっており、過去履歴をふまえた文脈ある対応ができているか。

□ 商品に関する基本情報や想定問答表が CS 担当者に共有されており、CS 担当者は質問に対して丁寧に答えるだけでなく、顧客のニーズを高めるようなアドバイスと共に回答ができているか。

□ 新しい商品、オファー、プランでの販売を開始する都度、新たに想定される出荷パターンについて全て受注〜出荷までのオペレーションテストができているか。また、アクティブな商品、オファー、プランは全て適切に参照できているか。

□ 返品や返金に関するポリシーは利用規約で定められているか。

□ EC 運用に携わる担当者の役職や責任範囲に応じて、システム操作可能な範囲の権限は適切に分けられているか。また、リスクのある操作全般に対して適切なチェックワークフローが組まれているか。

□ EC 運用における業務や作業のうち、自動化可能な作業は全て自動化をして人的ミスが発生しづらい運用体制になっているか。

□ 非稼働時間の対応受付のために、CS 対応チャットボットを EC サイトに実装できているか。

一方で、品質や満足度を上げるためには、コストやリソース負担が必要になることがほとんどなので、どのフェーズで、どこまで顧客満足度を重視して運用するかといった運営ポリシーは定めておきましょう。

● EC 運用品質の管理指標とキャパシティマネジメント

ECの運用品質は、次のような指標を基に基準値を定めて、モニタリングおよび改善していくことで維持・向上していくことが可能です。また、CSもフルフィルメントのどちらも適切なキャパシティマネジメントによって、業務がパンクした状態になっていないかどうかは必ず日々チェックをしましょう。

特にマーケティング実績が良く、売上好調な喜ばしいシチュエーションであるときほど、その裏側ではその売上を作るための業務負荷がオペレーション側に必ず返ってきます。売上件数の実績管理と、将来予測を適切に行い、その売上規模に対してオペレーションが耐えられるリソースキャパシティになっているかは常に注視しましょう。

8-12:ECの運用品質管理指標

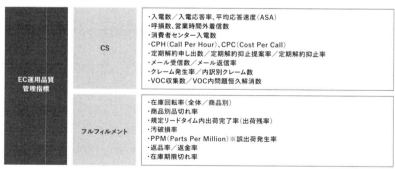

| EC運用品質
管理指標 | CS | ・入電数／入電応答率、平均応答速度（ASA）
・呼損数、営業時間外着信数
・消費者センター入電数
・CPH（Call Per Hour）、CPC（Cost Per Call）
・定期解約申し出数／定期解約抑止提案率／定期解約抑止率
・メール受信数／メール返信率
・クレーム発生率／内訳別クレーム数
・VOC収集数／VOC内問題恒久解消数 |
| | フルフィルメント | ・在庫回転率（全体／商品別）
・商品別品切れ率
・規定リードタイム内出荷完了率（出荷残率）
・汚破損率
・PPM（Parts Per Million）※誤出荷発生率
・返品率／返金率
・在庫期限切れ率 |

ECのお買い物に関して、顧客は「しっかり届くのだろうか、問い合わせは通じるだろうか、詐欺にあっていないだろうか」といった心理不安を常に潜在意識として抱えています。

たまたまリソースが追いつかないという理由だったとしても、この不安

を常時抱える顧客に対して、期待値を大きく下回る CS 対応やフルフィルメント対応とみなされた場合、どれだけ真っ当にビジネスを展開したとしても、即時に「詐欺会社の疑惑アリ」として通報をされてしまうことは珍しくありません。

　顧客の信頼度蓄積のためだけでなく、事業リスクの最小化の観点でもキャパシティマネジメントは非常に重要であり、売上規模が大きくなってもキャパシティ負荷が少なくなるような自動化・省力化をビジネス面とシステム面の両面対策で手を打っておく必要があります。

③ VOC と事業改善

　顧客の実際の問い合わせ内容や意見、要望を収集して事業改善に活かすための手段が VOC（Voice Of Customer）です。

　VOC を活用し、顧客から得られた Good（感謝やお褒めの言葉）、Will（意見・要望・相談）、Problem（問題・苦情）を蓄積することで、事業でより良くするべきポイント、新しい魅力につなげられそうなポイント、即改善すべきポイントなどの示唆を得ることが可能です。

［分析設計／ VOC 収集オペレーション構築］ どんな分析をするために、どんなデータ体系で VOC 収集するのかを設計し、実際に VOC を収集するためのオペレーションを構築します。データは必ず Good、Will、Problem という大項目に加えて、それぞれより具体的な中項目で分類し、集計しやすい形で収集できるようにしましょう。

［VOC 収集］ 実際に日々のオペレーションの中で VOC を収集していきます。主な手法としては、コールセンター担当者や内部 CS 担当者によるアナログ収集、テキストマイニング収集、音声認識ツール収集などがありますが、ある程度大規模になってくるまではデータ体系の組み換えやすさや、一次情報の参照しやすさの観点から、アナログ収集を推奨します。

［VOC 分析と事業改善］ 蓄積された VOC を月次などで定期分析を行い、事業改善への要反映事項リストアップ、優先度づけ、改善施策実行、効果振り返りを繰り返していきます。蓄積された VOC は集計データの塊とし

てみるだけでなく、一次情報まで必ず目を通して生の改善ヒントを逃さないように注意します。

④ロイヤル指標に基づいた CS とロイヤル顧客向け追加サービス

　ロイヤル顧客は長期にわたって消費いただける見込みの高い顧客です。全ての顧客を同等に扱うのではなく、ロイヤル顧客やロイヤル見込み顧客は「ひいき」を感じてもらえる待遇をすることで、より満足度や信頼性が高い状態を目指しましょう。

　該当顧客の LTV 水準や、RFM に応じた顧客ランクなどを管理し、CS 現場でも参照できるようにすることで、より手厚い CS 対応を可能にしたり、ロイヤル顧客専用の特典やインセンティブをクローズに案内したりすれば、成果として返って来やすい傾向にあります。

　また、ロイヤル顧客向けに専用サービスを用意し、新たな消費項目として購入いただくことを目指すケースもあります。例えばアパレルであれば、新商品の先行予約権、ポイント常時 3 倍、定期的なクローズドファミリーセール案内などの有料会員権を月額 500 円で提供するなどが例として挙げられます。

　定期販売によって LTV が稼ぎづらい商材でも、このようにサービスを無形商材として定期商品化することで、顧客接点の維持や収益の安定化などを目指せることも、D2C ビジネスで実現可能なことの 1 つです。

8-13:NPS

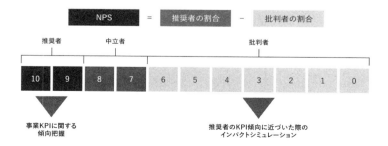

⑤ NPS

NPS（Net Promoter Score）は顧客のブランドやサービスへの愛着度を測る指標として、今や一般的になっている指標です。商品の魅力だけでなく、「誰から買うか」という要素を強めて差別化をしようとしている D2C ブランドではよく採用されています。

NPS ではアンケートによって、顧客の自社ブランドへの推奨度合いを 0 ～ 10 点の 11 段階で評価いただき、「9 ～ 10 点：推奨者」、「7 ～ 8 点：中立者」、「0 ～ 6 点：批判者」として分類します。これによって、顧客が自社ブランドにどれくらいの信頼度や満足度を持っているか、その構成比を可視化することが可能です。

NPS で重要なのは、推奨者とその他を分けている要素の把握とその内容をふまえた事業改善です。また、NPS は可視化したり単純にスコアを上げたりするのが目的ではなく、あくまで事業の実績向上に活かすことが目的です。

そのため、各回答者の消費実態と NPS アンケート結果の突き合わせをし、事業 KPI との紐づけを確認し、「NPS を改善することでどんな事業成果が得られそうか」という試算を必ず行う必要があります。この改善によるインパクトの有無や多寡に確信が持ててから取り組むようにしましょう。

第 **9** 章

システムとデータ

システムとデータは、
D2C ビジネスの事業基盤

私たちは、D2C ビジネスにおいて**再現性のある成長を実現するための事業基盤となるシステム選定は非常に重要**だと考えています。D2C ビジネスは従来のビジネスモデルよりも複雑で、事業におけるユニットエコノミクスの成立可否を意識したマーケティング投資・運用を常に求められます。また、デジタルマーケティングの手法は多種多様で、変化のスピードも非常に早い実態があります。

　そんなビジネス環境の中で成長し続けるには、時代変化に応じて求められる施策を、可能な限り素早く実行できる事業基盤を整えることが成否を分けます。D2C や EC にとって、システムはビジネスの実行環境であり、事業の実績や品質を大きく左右する事業基盤なのです（図9−1）。

　つまり、どれだけ優れた戦略、商品、マーケティング能力を備えていても、システムはその全てを無駄にしてしまうリスクをはらんでいます。「D2C THE MODEL」の中で「システム」と「データ」を事業の与件と位置づけているのはこういった背景が理由です。

　第9章では、システム業界の動向から、D2C ビジネス目線でのシステム選定基準まで D2C とシステムやデータにまつわる内容を幅広く記載していきます。

9-1:ビジネス力とシステム力で構成される「EC力」

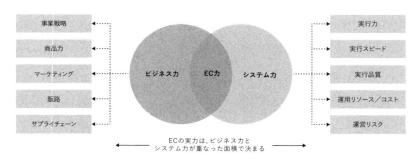

世の中のシステム業界動向

　IT・デジタル技術の発展により、現代ではあらゆる企業が様々な領域でシステムによる IT 化を促進して生産性向上を実現しています。

　ビジネス環境や競争の前提条件が大きく変化する中で、企業がその変化に対応し、データとデジタル技術を活用して顧客や社会のニーズを基に製品やサービスやビジネスモデルを変革するデジタルトランスフォーメーション（以下、DX）が国をあげて推進されています。

　そのような中、DX を推進するためのシステムを提供するシステムベンダーは、いくつかのビジネスモデルでサービスを提供しています。

▎SI・パッケージ

　この提供モデルの 1 つであるシステムインテグレーション（以下、SI）はクライアントの要望に応じて、システム／ソフトウェアの開発や保守・運用を請け負うビジネスであり、SI を提供する企業をシステムインテグレーター（以下、SIer）と呼びます。

　IT 黎明期から存在する提供モデルであり、SIer がシステム開発を発注する側の要望をヒアリングし、システム開発に必要な要件定義から設計・開発・試験まで、各工程を順に推進していくことでシステムを提供します。

　しかし、変化の激しいビジネス環境下においては、システムに求められる要件も非常に短い期間で変化していくため、SI によるウォーターフォールモデルと呼ばれる開発手法では柔軟な対応が難しいという課題がありました。

　その後、業界ごとに共通で必要となる標準機能群をパッケージ化し、それらを活用することで開発効率を向上させる「パッケージ」と呼ばれる提供モデルも確立されましたが、根本的な仕組みは SI と全く同じであり、課題の解消には至りませんでした。

SaaS

そこで生まれたのが、クラウドサーバーにあるソフトウェアをサービスとして提供する Software as a Service（以下、SaaS）という提供モデルです。

サービス利用者は、システムベンダーによって開発されたソフトウェアをインターネット経由で「サービスとして利用する」ことができます。

SaaS を利用する場合、企業側がシステムを保有する必要がないため、システム開発ごとの契約、プロジェクトマネジメント体制やシステム開発コストなどは基本的に不要です。

サービス利用者は、定められた月額利用料を支払うことで、素早くサービス利用を開始できます。

SaaS はその特性による導入スピードや機能アップデートの速さから、ビジネス環境の変化が激しい現代において、企業の DX を大きく推進できる提供モデルとなっており、グローバルではデファクトスタンダードになりつつあり、日本でも普及が進行しています。

グローバルでは SaaS がデファクトスタンダード

SaaS はサービス提供側、サービス利用側の双方にとって合理的な仕組みであることから、成長スピードが非常に速く、グローバルでは 2025 年にはクラウドが IT 支出に占める比率は 50％超となる見込みとされています。グローバルではすでに SaaS はデファクトスタンダード、つまり、市場における企業間の競争によって業界の標準として認められるようになりつつあります。

日本でも SaaS の普及率は年々増加し、特に導入が進みづらいエンタープライズ企業においても 2020 年から 2021 年でその導入率は大きく成長しています。DX の必要性から今後日本でもデファクトスタンダードになっていくでしょう。

SaaS と SI の特徴

　企業が DX を推進する上で、必ずしもシステム開発に対する深い知見を身につける必要はありません。しかし、システム導入を検討する立場として、システム選定に対する正しい知識は身につける必要があります。システム選定を誤らないためには、システム開発の裏側を構造的に理解しておくようにしましょう。

SaaS と SI の開発の仕組み

9-2:SaaSとSIのシステム開発工数の違い

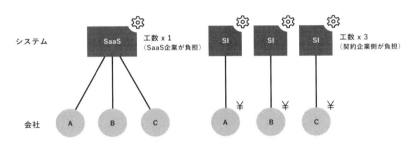

　SI はクライアントの要望に応じて、システム／ソフトウェアの開発や保守・運用を請け負うビジネスであるため、クライアントシステムごとに固有のソースコードが存在します。

　システム開発ではソースコード単位のメンテナンスが必要であり、保守・運用や追加開発やバグの改修など、様々な場面で大きな工数をかけなければ品質を担保することが困難です。また、システム規模が大きく複雑になればなるほど、効率化が可能な範囲も限定的になり、基本的にはソースコードの数だけ開発工数は比例していきます。

　そのため、SI の場合はシステム改修にかかる工程をそれぞれ個別に実施しなければならず、その工数が膨大であることは想像に難くないでしょ

う。

一方で、SaaSはクラウドサーバーにあるソフトウェアをサービスとして提供しているため、メンテナンスすべきシステムのソースコードは基本的に1つです。その1つのソースコードに対してアップデートをかけるだけで、全ての利用者にアップデート内容が反映されます。したがって、SIと比較して機能アップデートや保守運用などのメンテナンスにかかる工数は非常に少なく、品質を担保することができます。

SaaS と SI の比較

SaaSとSIの2つの代表的なシステム提供モデルには、それぞれメリットとデメリットが存在します。コスト・スピード・カスタマイズ性の3つの観点でサービス利用者視点から見た、各提供モデルのメリット・デメリットを解説します。

9-3:SaaSとSIの比較

	SaaS	SI・パッケージ
初期コスト	○ ほとんどかからない	× 開発費用として数千万～数億円はかかる
ランニングコスト	○ サービス利用にかかる月額費用 （固定、従量など）	○ 保守運用維持にかかる人月
追加開発コスト	○ 機能アップデートは自動であり、 サービス利用料に含まれるためなし	× 追加開発の都度、 見積もり及び開発期間がかかる
納期	○ 契約開始からすぐ利用可能	× システム規模によるが開発期間は 半年～1年以上の場合も
カスタマイズ性	× 基本的に提供されているサービスの中で カスタマイズすることになる	○ システムを全て要件定義・開発できるため、 かけられる費用の限り自由に設計が可能

表にある通り、サービス利用者からするとカスタマイズ性を除いては、基本的にSaaSの方が合理的であると言えるでしょう。それぞれの理由について解説していきます。

①コスト

9-4:SaaSとSIのコスト比較

	SaaS	SI・パッケージ
初期コスト	初期費用 0円〜数十万円程度	初期システム開発費 数千万円〜数十億円
ランニングコスト	月額固定費 0円〜数十万円程度／月	保守・運用費 数十万円〜数百万円／月
	従量金額 0円〜数百万円程度／月	リリース後の追加開発 数百万〜数千万円（1機能あたり）
		システム開発を発注する側のIT体制費 数百万円前後

　SIはクライアントの要望に合わせてシステムをスクラッチ開発していくので、発生する主なコストは「初期システム開発費」、「システムの保守・運用費」、「初期リリース後の追加開発費」、「システム開発を発注する側のIT体制費」などです。

　実際にシステム選定時にありがちな落とし穴としては、「初期システム開発費」と「システム保守運用費」のランニングコストのみでコストを比較してしまうことです。

　システムは開発して終わりではなく、ビジネスが続く限り定期的なアップデートを求められます。そのため「初期リリース後の追加開発費」は必ず発生します。

　また、SIによるシステム開発遂行には、発注者側にもシステム開発に関する専門性の高いIT体制が必須で、そこにもコストが発生します。

　一方、SaaSについては至ってシンプルです。サービス利用者は定められた利用料金を支払い、システムを「利用」していくだけです。上記の費

用比較からも分かる通り、コスト面においては企業規模問わず SaaS が圧倒的に合理的であると言えます。

また、DX の本質でもありますが、SaaS による恩恵は単純なコスト優位性だけでなく、**企業としてシステム開発・保守運用という非常に専門性の高い業務にマインドシェアを割かず、事業を成長させることに集中できる**ことにあります。これが、競合優位性を獲得していく前提条件であると私たちは考えています。

②スピード（納期）

9-5:SaaSとSIの開発スピード比較

	SaaS	SI・パッケージ
サービス利用開始	サービス契約開始日より0日〜30日程度	システム開発の規模にもよるが、半年〜1年以上程度
追加開発について	サービスアップデート頻度:不定期〜1ヶ月程度 ※ただし、アップデート内容はSaaS側が決定	追加開発の機能要件次第だが、3ヶ月程度

SI はクライアントの要望に合わせてシステム開発が進むため、コストも納期もシステム開発の規模に大きく依存します。一方、SaaS はサービスにもよりますが、利用開始までの期間は最長でも 1 ヶ月程度のものが多いでしょう。

機能アップデートの速さという観点では単純比較できませんが、SaaS 企業と SI 企業が同じ企業規模・開発力という前提であれば、SaaS と SI の開発スピードは1つのシステムに集中できる SaaS 企業と、クライアントの数だけあるシステム全てを対象にしなければならない SI 企業とでは、構造的に間違いなく SaaS 企業の方が優位であると言えます。

上記の通り、スピードという観点においても、基本的な構造として企業規模問わず SaaS が優勢であると言えます。スピードは DX の重要要素そのものであり、特に EC のように激しく変化するビジネス環境で競合優位

性を担保していく上ではスピード感のある課題解決は必須です。

③カスタマイズ性

SIは「クライアント専用」を叶えるシステム開発を目的としているビジネスであるため、カスタマイズ観点においてはSaaSよりもSIの方が圧倒的に優位です。

SaaSはサービス提供側がクライアントのニーズを集約し汲み取り、サービス提供側内で決めた開発ロードマップに沿ったシステム開発を繰り返します。そのため、基本的に利用者がカスタマイズできることはサービス内で提供されている機能の中でしか実施することができません。

その一方で、企業がビジネス環境の激しい変化に対応していく文脈においては、カスタマイズできることを単純なメリットとして捉えるのは危険です。

SaaSの合理性は、まさにDXと本質的に通じます。市場のシェアを多く獲得しているSaaSはそれだけ多くの企業に利用されており、そこにはエンタープライズ企業や非常に高い流通規模の成功企業が含まれます。

これはすなわち、多くの企業にとってSaaSを活用したビジネス運営のベストプラクティスが実現されているとも言い換えることができます。また、SaaSはそのビジネス特性上、ビジネス環境の変化に対して常に適応できるよう最速で進化していきます。

DXの本質は、現場にある業務・組織・プロセス・企業文化を疑い、「今までの方法を守る」ではなく、企業として競争上の優位性を確立するために「あるべき姿に変わる」というマインドシフトにあります。その点においては、**「運用に合わせてシステムをカスタマイズするのではなく、利用するシステムに運用を合わせるべき」**という考え方に世の中が変わっていることも念頭に置いたシステム選定の考え方も求められます。

カスタマイズをするということは、ビジネス環境の変化に合わせて膨大なIT投資をし続けるという意思決定であり、長期的な未来を考えた際にもカスタマイズを選択し続ける経済的合理性がそこにあるのかが重要な論

点なのです。

SaaS と SI のハイブリッド「ヘッドレスコマース」

SaaS と SI の選択においてはコスト・スピードという観点から SaaS が合理的と言え、唯一の弱点はカスタマイズ性にあります。ですが歴史の長い企業ほど、この「カスタマイズできない」ということが SaaS を選択できない大きな障壁となっていることも事実です。

そのような中、D2C 領域ではビジネス環境変化への適応しやすさとカスタマイズ性という、まさに SaaS と SI の良いとこ取りをした「ヘッドレスコマース」という方式が注目されています。

①ヘッドレスコマースのアーキテクチャ

従来のウェブアプリケーションは、全てが 1 つのアプリケーションとして密結合された形で開発する「モノリシックアーキテクチャ」による開発方式が主流でした。

昨今では、様々な機能を細かい単位で独立して動作するアプリケーションとして開発する「マイクロサービス」という方式が生まれています。このマイクロサービス方式による開発は、アプリケーションごとの技術選定や影響範囲を限定した開発を可能にし、開発の生産性および品質の向上の観点で大きな恩恵があります（図 9-6）。

事業者側が注目すべきは、フロントエンド部分とバックエンド部分をそれぞれ別のアプリケーションとして開発が可能になったということです。

②ヘッドレスコマースが解決すること

SaaS のアプリケーションを利用し、SI で独自開発が必要な部分をマイクロサービスとして開発することで、カスタマイズが可能になります。

これにより、事業者としても SaaS のメリットであるスピードを享受しながら、ビジネス環境の変化にあわせた機能アップデートも費用をかけずに実現しやすくなります。また、保守運用フェーズにおいても SI 費用をかければカスタマイズが可能という状況を作ることができます。

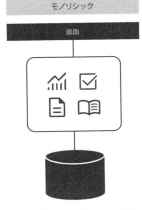

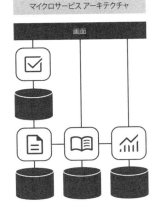

全ての機能を1つにまとめたシステム構成　　　　単体でも動作する機能を組み合わせたシステム構成

9-7:ヘッドレスコマースが解決すること

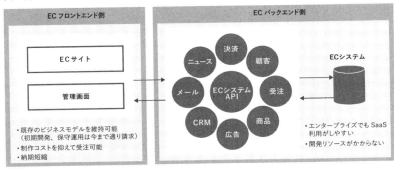

③ヘッドレスコマースの浸透における課題

　ヘッドレスコマースを活用したシステム開発が事業者にとっては大きなメリットがある一方で、浸透していくにはまだ課題が存在します。

　まず1つは、この方式による開発の歴史的はまだ浅く、この開発方式に強い技術者が世の中にまだまだ少ないことです。ただし、技術者はトレン

ドに合わせたスキル習得を目指す職種でもあるので、これはおそらく時間
が解決するでしょう。

もう1つは、SIとSaaSのビジネスモデルの衝突です。SaaSによる開
発効率の向上は合理的と言えますが、前述の通りSIのビジネスモデルは
依頼内容に応じて発生する工数に対する人件費が売上です。つまり、SI
ビジネスの構造としてタスクが減ると請求できる金額も減るため、SI企
業によってはSaaSとの交わりが難しい構図であることは否めません。

しかし、事業者にとって合理的な選択であれば、このヘッドレスコマー
スの採用は自ずと進んでいくでしょう。

D2C のシステム選定

ここまではシステム業界全体の動向として、SaaSの合理性について解
説をしてきましたが、D2C領域についても見ていきましょう。

● D2C のシステムの種類

D2Cビジネスの運営にはECシステム（カートシステムとも呼ばれた
りする）を中心に、各業務領域に特化したシステムを導入し利用していく
ことになります（図9-8）。

そして、それぞれの領域にはSIとSaaSのモデルでシステム提供して
いるベンダーが存在しています。

D2Cの事業フェーズに応じてこの各役割に求められる要件も複雑化し
てくる傾向にもあり、各役割を担うシステム単位で事業フェーズに合わせ
て要件にあったサービスを選択し連携していくことを推奨しています。

● D2C ビジネスにおけるシステムとは

D2Cビジネスにおけるシステムとは、第9章までに書き進めてきたこ
とを実現するビジネスの実行環境そのものであり、D2Cビジネスを成功
させる上での前提条件です。

D2Cビジネスにおけるシステムは、新規顧客の獲得からLTV向上まで

の施策実行環境を担い、生産性向上やコスト削減の域に留まらない数字のインパクトを持ちます。

　D2Cを取り巻くビジネス環境の変化のスピードは速く、それらに追随してより効果的なマーケティングをいかにスピーディーに実行できるかが非常に重要となるため、D2Cに関連するシステム群の中でも中心に位置するECシステム領域については、特に柔軟な環境を選定しておく必要があります。

　そのため、可能な限りSaaSを組み合わせた全体システム構成図を設計することが望ましいでしょう。

● **D2Cにおけるシステム選定基準**

　ここからはさらに踏み込み、D2CビジネスがSaaSとSIを選ぶ際の選定基準について「事業フェーズ」「ターゲット市場規模」「マーケティングの独自性」の観点でそれぞれ解説していきます。

事業フェーズ

①立ち上げフェーズ

　システム選定のタイミングは「D2Cビジネスの新規立ち上げタイミング」と「D2Cビジネス運営後に解決すべき事業課題が発生したタイミング」の2つがあります。

まず、D2C ビジネスの新規立ち上げタイミングのシステム選定については、SaaS を選択することを強く推奨します。これはどれだけ予算のある企業であっても例外はありません。

　私の事業経験からも確信しているのは、本書で解説をしてきたあるべき D2C ビジネスの運営を全て実行したからといって、確実に事業がうまくいくことはあり得ないということです。

　当然の話ではありますが、再現性をもってグロースさせていく手法論は様々あるものの、最終的にプロダクトマーケットフィットするかどうかは、実際のところ様々なことをやり切ってはじめて分かるというのが事業の常です。

　そのため、D2C ビジネスのシステム選択のセオリーとして、最初は膨大なシステム投資はせず、SaaS 主体のシステム基盤を整えることを強く推奨します。

②グロースフェーズ

　また、D2C ビジネス運営後に何かしらの課題を解決するタイミングでの検討については、「SaaS を利用してきた事業者」と、「SI で自社システムを構築してきた事業者」の 2 パターンが存在すると思います。

　1 つ目は、**「SaaS を利用してきた事業者」**です。

　すでに SaaS を利用してきた事業者については、直面している課題を解決することのできる別の SaaS への乗り換えや、外部システムとの連携によって課題を解決することをおすすめします。

　その理由は、SaaS と SI の特徴としてこの章ですでに解説してきた内容がそのまま該当します。D2C ビジネスにおいて、システムは時代に合わせたアップデートが常に必要です。私たちの経験からも、コスト・スピードの観点で SI が SaaS を上回ることは滅多にありません。好調だった事業でも永続的に安定した成長が保証されることはないからです。

　事業規模の拡大に応じて中心既存の EC システムの仕組みを駆使しても課題解決が困難であり、コストやスピードを犠牲にしてでも、得られる経

済合理性が長期的に存在するのであれば、その事業フェーズで SI に切り替えることをおすすめします。

2つ目は、**「SI で自社システムを構築してきた事業者」** です。

要は、すでに SI にて複雑な独自システムを開発しているケースです。これは従来型の販売チャネルをメインチャネルとしている歴史ある大手企業に非常に多く、D2C の流れに対応するため後から EC 注力の必要性が高まったという流れが多くなります。

図9-8のように、大規模かつ多数の販売チャネルを活用し総合的なビジネス展開をしているからこそ、事業全体のシステム構成が複雑化せざる得ない状況がありますが、これ自体は悪いことではありません。

ただし、前述した通り、ビジネス環境の変化が速い EC システム領域を SI モデルで独自開発してしまうことで、ビジネス環境の変化に適用できなくなることは大きな問題です。私たちがこういった事業者に推奨している方法は、部分的なシステムの切り替えです。

システム開発の世界では SoR、SoI、SoE という考え方が存在します。これは様々なシステムが担う領域をその属性で分類し、それらが期待される業務要件を満たし続けることを目的としてシステム設計や IT 体制構築を行おうとする考え方です（図9-9）。

「顧客のデジタル化」によって、顧客視点に立った際のビジネスニーズは急速に変化を続けている中で、その激化する市場競争で変化し、生き残るための全体最適を実現するためのシステム構築のあり方として、これらの考え方は注目されています。

SoR：「System of Records」を意味し、安定稼働や情報の正確性が恒久的に重視されるシステム群を指します。EC の中でも運営業務寄りの機能はこちらに分類されるでしょう。

SoI：「System of Insight」の略で、データ活用の環境を整え、それらのデータを元にした事業改善のためのインサイト発見や新たな

サービス創出を目的とします。

SoE：「System of Engagement」を指し、常に顧客の最新の期待に応えながら顧客体験を向上させ続けるためスピード感ある対応をし続けるためのシステム群です。EC で顧客の目に触れるフロントサイドの関連機能は全てこの SoE に分類されると言えます。

9-9:SoR、SoI、SoEの違い

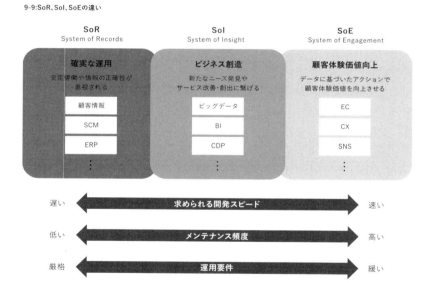

このように、同じシステムでもそれぞれが担う領域に応じて重視すべき観点が変わります。また、変化の激しい EC ではその変化によりスピーディーに対応可能なシステム構成を目指す必要があります。

この考え方にも関連しますが、例えばエンドユーザーとのインタフェースを担う EC システム領域のみに SaaS を導入し、既存のシステム構成にある基幹システムと API 連携することで、変化に適応しやすい仕組みを作ることは十分に可能です（図9-10）。

また、そのほかの領域でも部分的に SaaS を取り入れ、システム全体の機動性を確保していくことが重要です。システム全体で SaaS と SI の 2 択ということではなく、両方の良いところを取り入れた構成にしていくことが重要な考え方なのです。

9-10:ECシステムと基幹システムの連携例

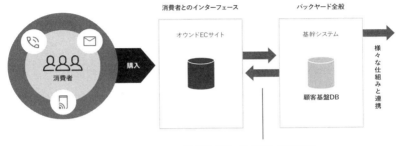

消費者とのインターフェース　　　　　　　　　バックヤード全般

オウンドECサイト　　　　　　　　　　基幹システム

購入

顧客基盤DB

様々な仕組みと連携

APIを活用し基幹システム側でデータ同期を実装

ターゲットの市場規模

　D2C ビジネスがどこまで成長するかは、ターゲットとする市場規模に依存します。自社のターゲット市場規模から逆算すると、どの程度まで売上のトップラインを伸ばすことが可能なのかはある程度算出でき、それに対してシステムへどの程度まで投資ができるのかを逆算することも可能です。

　例えば、特定の顧客セグメントをターゲットとしたプロダクトで市場規模が 25 億円で全体シェアを 20％取れるとすると、売上は 5 億円です。この計算から「シェア 20％を獲得し、5 億程度の規模に拡大したとき、どのような選択をすべきなのか」を考えることができます。

　第 4 章で解説をした D2C ビジネスにおける収益構造からみても、年間 5 億の売上に対して、SI 方式でシステムに数億円を投資することは現実的ではないことは言うまでもありません。少なくとも数十億から 100 億程度は達成できる前提でなければ、SI 方式は選択として難しいでしょう。

また、D2C ビジネスをさらに成長させることができるとわかった段階
で、システムの切り替えを検討しても全く遅くはありません。

マーケティングの独自性

　D2C ビジネスにおいて、SI によるカスタマイズを行い独自性を出すと
いうことは DX と相反するものの、その独自性こそが事業を成立させる重
要な要素となることもあります。

　このようにブランドのユニーク性を実現するために、独自のシステム要
件を実現する必要があり、その独自性こそがブランド戦略のキードライバ
ーとなるケースにおいては、SI を選択することは合理的と言えます。

　ただし、基本的には優れた SaaS であれば、大抵の情報は API で外部連
携できるため、独自性のある部分は SI にて開発を行い、汎用的な部分に
ついては SaaS を活用するという構成が推奨されます。

EC システムで変わる D2C の成否

　ここまで、D2C ビジネスにおけるシステムの役割や選択のあり方につ
いて解説してきました。EC システムが D2C ビジネス成果に与える影響
を正しく認識していただけたでしょうか。

「D2C THE MODEL」の通り、D2C ビジネスは**「プロダクト／マーチャ
ンダイジング」力×「マーケティング／チャネル」力×「CRM ／ LTV」
力**で成功可否が決まります。EC システムはこれらに直接影響を与える実
行基盤であり、あるべき運用ができるかどうかの前提条件になります。こ
の前提を踏まえながら、次は EC システムが与えるビジネス成果への影響
度合いを、数字例を用いて解説していきます。

9-11:D2C THE MODELの全体像

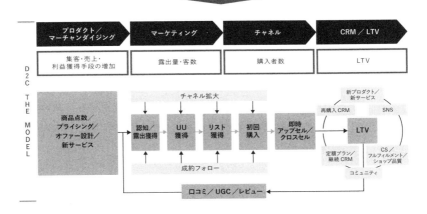

デジタル化が引き起こす麻痺

　D2C ビジネスにおける EC システムは、EC という店舗運営とマーケティングの中心に位置します。

　この観点で、多くの事業者は、目に見えて触れることのできる世界へのアウトプット（自社ブランドの商品パッケージやリアル店舗の内装など）には細部までこだわるのに対して、**EC サイトというデジタル領域になると、途端にそのこだわり発揮の度合いが下がる、という大きな落とし穴にはまりがちです。**

　EC では、消費者の声も聞こえませんし、顔も見えません。この状況でも、EC サイト上で売上は発生します。事業が成長する中で、気づけばユーザーと一度も対面で会うことなく、年間数十億円を超える D2C ビジネスが生まれているということも珍しくありません。

　このような状況において、「EC サイトで商品が売れる」という事象の

225

裏側には、顧客がECサイトにアクセスし、商品をカートに入れ、購入情報を入力して購入手続きを進めている、という当たり前のことが体感できなくなります。

そのため、購入のしやすさを少し改善しただけで売上が何倍にもなるという事実も軽く見過ごしてしまうというわけです。

第7章でも顧客の離脱ポイントについて、オフライン店舗に例えながら触れましたが、私たちはよくECサイトを「オンライン上の店舗」として実際の店舗同様に考えてくださいと話をします。ECサイトとリアル店舗の対比イメージは次の通りです（図9-12）。

9-12:ECサイトとオフライン店舗の要素対比

ECサイト	オフライン店舗
ECサイトのデザイン・構成	店舗内装と棚・商品の配置
ECサイトのサイトマップ	店舗のマップ情報
ECサイトの購入導線	店舗のレジまでの距離
ECサイトの購入フォーム	店舗のレジでのオペレーション
ECサイトの決済方法	店舗のレジで使える決済方法
ECサイトのレスポンススピード	店舗の混雑状況

例えば、買い物の際に、「店舗のオペレーションが悪くレジが行列で、支払いも現金のみなので、購入を辞めた」体験をしたことはないでしょうか。これはまさにECサイト上では購入導線や購入フォームの品質、決済方法の多様さなどに該当する部分です。

この他に、ECサイトとオフライン店舗の大きな違いは「スタッフがいないこと」です。

オフライン店舗ではスタッフがいることで、多少の不便やミスがあっても顧客とコミュニケーションを取ることで解消が可能ですが、ECサイトではそれらが単なる機会損失としてデータに反映されます。

ECにおいては購入導線や購入フォームの品質、利用できる決済方法の

種類が不足していることは、アクセス数に対する購入率という形で露骨に
データとして可視化されます。適切な EC システムを選択していれば、デ
ータを見ながら顧客の行動から改善点を洗い出すことが可能です。

　このように、EC では顧客の顔を見ることもなければ、声を聞けること
もなく、結果だけがデータとして現れるため、当たり前の感覚が麻痺して
しまうことが非常に多く、注意が必要なのです。

EC システムをコストで選んではいけない理由

　第 4 章の通り、D2C ビジネスのコスト割合のうち圧倒的に多く占める
のがマーケティングコストです。SaaS を前提とすると、EC システム利用
にかかるコストは全体割合で見ると非常に小さく、かつ EC システムはマ
ーケティング成果に強い影響を与えるため、高品質な SaaS 型システムに
費用をかけてもほぼ確実にリターンが実現されます。

9-13：パフォーマンスの高いシステム選定によるROIイメージ

　例えば、LTV でビジネス成果を考える D2C では、改善前システムの利
用料が月額 5,000 円、改善後のシステムの利用料が月額 50,000 円という前
提で CVR が 2 倍に向上し同じ顧客獲得件数だった場合、最終的に残る利
益は 5 倍以上という圧倒的な差が生まれているのがわかります。

　事業規模が大きくなればなるほど、この差は大きくなり、システムを変
えることで赤字から黒字になる可能性も十分に生まれます。

また、システムをコストではなくパフォーマンスで選ぶべき理由は他にもあります。D2C ビジネスに限らず、ほとんどの事業に共通して高いコスト割合を占めているのは人件費です。

　顧客やプロダクトと向き合い、サービス価値を上げるために思考を巡らせる仕事は非常に価値があり、そこに人の頭を使うことは重要です。しかし、D2C ビジネスにはそれ以外に人がやらなくても良い日常業務が多く存在します。

　優れた EC システムでは、これらの日常業務を省力化・自動化することが可能であり、削減できる人件費はシステム利用料を上回ります。

　そのため、業務を減らし人件費を削減することができる機能を持ったシステムを選択するのであれば、EC システムの選定時には「コスト」に過度にとらわれる必要はありません。

EC システム選定時の具体的なポイント

　ここからは、SaaS と SI のシステムベンダーを選定する際にどのような点に注意を払うべきなのか、選定するシステムの属性に応じて解説していきます。

SaaS

SaaS のシステムベンダー選定は、将来的にもずっと付き合っていく可能性のあるパートナー選定と表現できます。いくつかの重要観点をおさえた適切なベンダー選定をしましょう。

① D2C ／ EC 領域への解像度が高い

　大前提として、システムベンダー側が D2C ／ EC 領域に対して高い解像度をもっているかどうかは非常に重視すべきポイントです。

　D2C ビジネスは、実際に経験がなければわからないくらい細部の品質で差がつきます。そのため、システムベンダーの D2C ／ EC 領域への解像度の高さは、EC システム品質に直接反映され、その品質の差が D2C

のマーケティング費用対効果に大きな差を生みます。

②機能アップデートが早い

　SaaS のメリットの 1 つとして、機能アップデートの早さは非常に重要です。長期的なパートナーとしてベンダー選定する上で、ビジネスの実行環境を担うシステム機能が、常に最新のマーケティングトレンドに追随している必要があります。

　D2C ビジネスにおいては、市場に新たなマーケティングノウハウが生まれた際、最速でそれを知り実行できるかどうかが事業成長の成否を分けます。

　また、機能アップデートの実績や頻度だけではなく、そのプロダクトが今後どういった領域を強化していくか、将来のロードマップについてもしっかりと確認をしましょう。ベンダーによっては、未来構想などを公開している企業もあります。

③拡張性が高い

　D2C ビジネスは事業成長に合わせて、やらなければならないことが次々と増えていきます。その際、EC システムのみで全てを担うことは困難なので、様々なシステムと連携することで拡張性の担保が必要になります。選択する SaaS が様々なサービスと連携しているかどうかも重要なポイントです。

④サポートの手厚さ

　D2C ビジネスを成長させていく中で、SaaS ベンダーは重要なパートナーの 1 人です。したがって、ベンダー内の有識者と直接コミュニケーションが取れることは必須条件と言えます。

　日本企業であれば、一定のサポート品質が担保されているケースが多いと思いますが、海外企業のシステムでは手厚いサポートのないサービスもあるため注意しましょう。

サポートの重要性は、意外にも軽視されがちです。しかし冷静に考えてみると、ECシステムは事業の流通データが全て託されている基盤であり、毎日当たり前のように行っているオペレーションであっても、場合によっては事業の致命的なリスクにつながる可能性もあります。システムが事業基盤を担うD2Cビジネスだからこそ、サポートの手厚さは非常に重要なのです。

また、システムの使い方を単に教えてくれるだけではなく、D2C事業者が実行したいことの意図を汲み取りサポート対応してくれるベンダーが理想的です。

⑤システムの耐久性およびシステム保守運用、セキュリティ体制

ECシステムは、1つのシステム上で事業の売上になる取引が全て動いているようなサービスです。システムが何かしらの理由で停止することは、それだけで事業の売上に多大な影響をおよぼします。したがって、システム停止せず耐え切れるインフラ体制かどうかも、ECシステムを選択する上では重要なポイントです。

D2Cビジネスの重要資産である「顧客に紐づいたあらゆるデータ」が格納されていることから、セキュリティ体制も欠かせないポイントになります。しかし、システム保守運用やセキュリティに関する品質確認には専門知識が必要で、簡単に見極めることは困難です。

そのため、見極めポイントとして、対外向けにベンダーが公開しているセキュリティ対策や保守運用体制について、対策内容を確認することをおすすめします。

サービスの負荷耐久度については、事例ベースで、どの程度のアクセス負荷に耐えられる実績があるのかをサービス提供側にヒアリングし事実確認しましょう。

サービスの保守運用面全般については、SLA（Service Level Agreement）と呼ばれるものが存在します。これはサービスの提供者とその利用者の間で結ばれる契約であり、サービスを提供する事業者が利用

者に対し、どの程度まで品質を保証できるかを明示したものです。

しかし、このSLAは実際のところ定義することが難しく、グローバルを通しても多くのSaaSが開示していないというのが実態です。

セキュリティについても、PマークやISMSの取得によって情報管理体制についての証明をとっているかなどで客観的に信頼できるかどうかを確認してみてください。また、グローバル企業も利用しているかどうかは1つのポイントとなります。

グローバル企業のセキュリティアセスメントは非常に厳しく、それらをパスしていることは1つの安心材料になります。

⑥企業の与信、資金面でのリスク

長期的なパートナーとして選定するからこそ、パートナー企業の財務状況などはできる範囲で確認すべきポイントです。特にD2CビジネスはECシステムの上に成り立っていますので、システム提供しているベンダーがシステム提供できない状況に陥った時には、最悪ビジネスそのものが失われる可能性があるということを意味します。

また、ベンダー側の事業成長が止まると、当然SaaSとしての機能アップデートのスピードや、サポートの品質などあらゆることが低下していき、D2C事業者側の事業成長にも影響を与えます。

SaaSに限った話で言えば、利用ユーザーが適切に増加しているかどうかもわかりやすい指標になります。

SI

SIはSaaSよりもさらに慎重なパートナー選定が必要です。SIは発注して終わりではなく、発注者とベンダーが一緒にコミュニケーションを取りながらシステムを開発していくので、プロジェクトに問題が生じると、最悪のケースではシステムが完成しないという結末もあり得ます。ベンダー選定に加えて、事業者側も適切な体制を揃えられるかも必須条件です。

①社内に IT 体制構築が可能か

　EC システムはシステムの機能要件が複雑になりやすいだけでなく、EC システム特有の要素が多く存在し、システムの有識者と D2C ／ EC 領域の有識者同士による相互コミュニケーションが必要不可欠です。

　SI 型のシステム開発では、費用を払えば思い通りのシステムができあがると誤解されがちですが、プロジェクト進行に問題があればそのシステムは完成に至りません。自社が作りたいシステム要件を漏れなく SI ベンダーに伝えるのは、想像以上に難しい専門的な業務です。

　そのため、発注者側が SI ベンダーにシステム開発を依頼する際には、社内に IT 体制を構築することで、SI ベンダーとシステム要件に対する専門的なコミュニケーションを取れる体制が必要になります。

　こういったあるべき体制でプロジェクトを進行しても、SI によるシステム開発のスケジュール遅延やプロジェクト炎上は大手企業でさえも珍しくはありません。適切な体制が内製で構築できない限りは、システム開発が続く限り外部業者にコストを払い続ける覚悟をしましょう。

9-14:SIベンダーとの連携に必要なIT体制

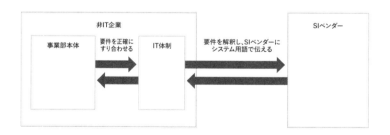

② D2C ／ EC 領域への解像度が高い

　SI ベンダーがその業界に対し、高い解像度を有しているかどうかは、SaaS と同様にプロジェクトの成功確率に大きく影響します。

　EC システムの機能数は非常に多く複雑で、全て漏れなく詳細に定義す

ることが難しい業務です。知見のある SI ベンダーであれば、能動的に各機能の要否に関するコミュニケーションをとってくれるため、自然と良いシステムを開発するための相互チェックになります。必ずたくさんの EC システム開発経験のあるベンダーを選定しましょう。

③企業の与信、資金面でのリスク

SI では初期に大きな費用が発生するため、与信確認は非常に重要です。SI ではベンダーごとに見積もり費用に差が生まれがちですが、品質面を担保するための余剰費用の有無も重要です。

また、プロジェクトを進めている中で工数は想定よりも増え、プロジェクトによってはシステムベンダーが赤字に陥るケースも存在します。そうした際に、上場企業などはレピュテーションリスクもあるので、最後までやりきることを優先しますが、資金力のないベンダーは最悪のケースではプロジェクトの途中で進行不可という判断をしたりします。

SI 方式の開発では、大きな金額が短期で発生する傾向もあるため、契約面においても細心の注意を払いましょう。

┃ 自社開発を選択する際の注意点

一定規模まで成長した D2C 企業の中には、EC システムを自社開発するケースが稀に存在します。自社にエンジニアが在籍しており、自社開発が可能なケースです。

ここまで書いてきた通り、D2C においてシステム選定の重要性は事業の将来に大きく関わる重要な経営判断です。そのため、安易に自社開発の判断をしない方が賢明と言えます。

自社によるシステム開発を選択する際には、PdM やエンジニアといった IT 人材を採用し、IT 体制を構築していくことを意味しているため、これは極端な表現をすると IT 企業を目指すことと同義です。

D2C ビジネスの一般的な営業利益率を考慮しても、採用市場でこういった高単価な IT 人材が取り合いとなっている状況の中で、品質の高い IT 体制を内製するのはコスト的にも非常に重いものになります。そのため、

コスト削減の観点では正直割に合わないというのが実態でしょう。

　またシステム開発は初期開発よりも、事業が終了するまで時代に合わせた保守運用を半永久的に実施していく方が、はるかに難易度もコストも高くなります。

　小規模なシステム開発では、特定のエンジニアに属人化するケースがほとんどで、初期開発したエンジニアが退職した途端にメンテナンスできなくなってしまうケースも起こり得ます。そのような状態に陥ると、システムがボトルネックとなってビジネスの成長が阻害される、という最悪の事態を招きます。

　自社開発を選択される際には、企業の経営ラインに技術責任者としてCTOを必ず採用することを推奨しています。自社開発の選択は、SIを選択するよりもさらに大きな意思決定と言えます。そのリスクをとってでも、自社のビジネスにポジティブな影響を与えると判断できる場合のみ、自社開発を選択されることをおすすめします。

ECシステム選定で後戻りできないポイント

　D2C事業のシステム選定には、後戻りできないポイントが存在します。この事実を知らずにシステム選定を進めてしまうことで、D2Cビジネスの将来を失いかねない可能性もあるため、必ず注意していただきたいポイントです。

　特に気をつけるべきは、**「利用者がデータ（特に決済・顧客・注文データ）を持ち出せるかどうか」**です（図9-15）。

　SIにおいては、システム資産やデータの所有者が発注元となることが多く問題にはなりませんが、SaaSの場合はデータを事業者が利用できないケースがあるので注意が必要です。単純にシステムスペックとしてデータを出力できないケースも存在しますが、利用規約でデータ取得を禁止したり、データの所有者をサービス提供側にされたりするケースもあります。

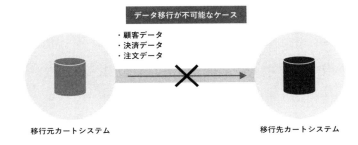

9-15:システムデータの移行が不可能なケース

データ移行が不可能なケース

・顧客データ
・決済データ
・注文データ

移行元カートシステム　　　　　　　　移行先カートシステム

そういったサービスを利用した場合、他システムに全データを移行することが実質不可能となり、生涯にわたりシステムを切り替える難易度が上がります。

特に、流通規模が出ている事業ほど、データを捨てる意思決定はできなくなるため、このポイントは致命的になり得ます。

D2C は顧客データだけでなく、そこに紐づく決済データ・注文データ・商品データなど、あらゆるデータを取得できなければ、実質的にシステム移行前と同じ売上すら立てることができません。特に SaaS が決済サービスも同時に提供しているケースでは、決済データを持ち出せないことでサービスの解約を意図的に抑止しているケースも存在します。

SaaS 提供側からすれば、実質的に解約ができない状況を作れるので合理的ではありますが、これは事業者にとっては非常に高いリスクをはらんだ状態です。

システム契約をする前には、必ず利用規約を確認すると同時に、仮にサービス利用開始後に別のシステムへの移行が必要になった場合に事業継続のために必要なデータ（顧客、注文、決済など）を取得できるのか、そういった事例は実際に存在するのかなどをサービス提供側に必ず確認しましょう。

D2C データ管理のあるべき姿

　D2C ビジネス最大の魅力は、自社専用チャネルである D2C チャネルで顧客を資産化し、顧客と直接接点を持ち、データを活用しながらビジネス価値を最大化していけることにあります。事業資産であるデータ管理を適切に行えているかどうかは、D2C THE MODEL に沿った事業運営の前提条件です。

　そして D2C におけるデータ管理のあるべき姿は、あらゆるデータを統合管理し活用できるビジネス環境の実現です。

　D2C ビジネスでは、フェーズに合わせてオフライン・オンライン問わず様々な販売チャネルへ多角化していくことで、顧客の注文データが各チャネルに散らばります。さらに、事業成長に合わせて顧客に紐づくデータの種類も多様化していきます。そして、これらのデータは各所に分散してしまい、そのままでは活用できないことがほとんどです。

9-16：次世代のデータ管理

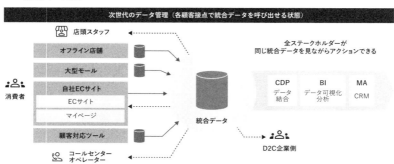

　これらのバラバラになった状態のあらゆるデータを、「Customer Data Platform（以下、CDP）」を活用して統合管理することで、データを活用したビジネスの最適化が可能になります。ここでは適切なデータ管理がD2C ビジネスにもたらす恩恵をいくつかご紹介します。

事業全体に対するマーケティング費用対効果を確認

デジタルマーケティングでは、広告媒体ごとの費用対効果を確認することが一般的ですが、全ての顧客がそのまま購入に至るわけではなく、9割以上は離脱をしていきます。

この離脱者が広告で商品を認知し様々な探索行動をとったのちに、D2Cチャネル以外の販売チャネルで商品購入に至るケースも多々あります。

つまり本来は、事業全体のマーケティングコストに対して全販売チャネルでどういった売上寄与があったのかを確認できることが理想です。

販売チャネルごとの注文データと広告データを統合管理することで、事業全体に対するマーケティングの費用対効果をより高い精度で確認できるようになります。

例えば、自社ECサイトに対して広告配信をして、利益と広告コストが同じ100万円であった場合、ECサイト単体では利益が出なかったことになります。しかし、その広告による波及効果で大型ECモール側には20万円の利益が発生していたのであれば、広告の評価は十分に評価できるということです。

9-17:全チャネル統合したマーケティング費用対効果

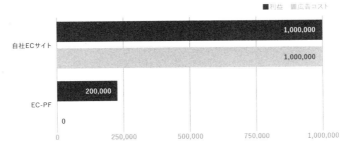

広告媒体ごとにユニットエコノミクスの可否を判断し、適切なマーケティングコストのアロケーションを実現

　D2CではLTVとCPAのバランスによって、事業パフォーマンスが決まります。その中でマーケティング担当者はCPAを主な判断軸として予算配分をするのが一般的です。

　しかし、広告媒体や獲得手法によって、顧客のLTVは大きく異なる数値になることがあります。例えば、SNS広告経由で購入に至った顧客と、検索系広告や自然流入経由で購入に至った顧客とでは、LTVが1.5倍程度異なるという結果もあります。

　したがって本来は顧客LTVとCPAのバランスによって広告予算のアロケーションを実施しなければなりません。これは第7章のルートポートフォリオマネジメント（RPM）で解説した通りです。

　例えば、事業全体のLTVが10,000円に対して、新規顧客獲得にかかるコストが12,000円の広告媒体Xと8,000円の広告媒体Yがある場合、CPAのみで判断すると広告媒体Xの広告配信を停止するという判断になると想定されます。

　しかし、ユニットエコノミクスを正しく把握するためには、広告媒体ごとのLTVに対するCPAで確認しなければなりません。図にあるように、広告媒体XはCPAが12,000円に対して、LTVは15,000円であり広告配

9-18:経路別のマーケティング費用対効果

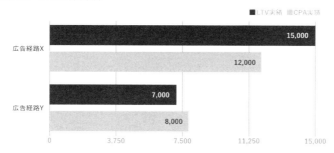

信を止める必要はなく、広告媒体 Y については CPA8,000 円に対して LTV が 7,000 円のため、広告配信を停止するのが正しい判断となります。

このように顧客、注文、広告データを統合管理することで、経路ごとのユニットエコノミクスが把握でき、マーケティング担当者はより精度の高い予算アロケーションによる投資が可能になります。

オンライン・オフラインの統合 CRM により事業全体を最適化

広告を見て商品を認知した顧客は、オンライン・オフラインの様々な販売チャネルで商品購入に至るため、全体最適な CRM を実現するためにはオフライン販売チャネルで購入してくれた顧客データも EC の顧客データと統合管理していける仕組みが必要です。

オンライン・オフラインの販売チャネルの顧客データや注文データを統合管理することで、クロスチャネルでの顧客 LTV を把握することが可能となります。また、クロスチャネルでの CRM による LTV 最大化施策も実行可能となります。

このようにデータを統合管理し、データを活用できるビジネスの実行環境を整えることで、顧客の LTV を向上させ、ビジネスの価値を最大化することができます（図 9−19）。

しかし私たちは D2C におけるデータ管理のあるべき姿として、もう 1

9-19：オンライン・オフラインの統合CRM

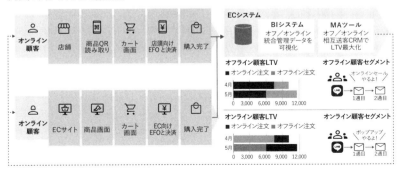

歩踏み込んだ次世代のデータ管理を実現していく必要があると考えています。

D2C の次世代データ管理

「データ」の真価にはすでに多くの企業が気づいています。データを統合管理し活用することは、D2C に限らずあらゆるビジネスにおけるベストプラクティスであり、ビジネス価値を飛躍的に改善するものである事実はいうまでもありません。

D2C では、データを活用した顧客体験価値の向上によって、顧客との長期的な関係を築き、事業成果を LTV で捉えてビジネス価値を最大化していくことが常に理想です。

私たちは、従来のデータ管理に加えて**「ブランドに関わる全ての人がシステムを介して、リアルタイムに統合管理されたデータを活用できる状態」**を実現することが次世代のあるべきデータ管理であると考えています。

9-20：連携を前提とした従来のデータ管理

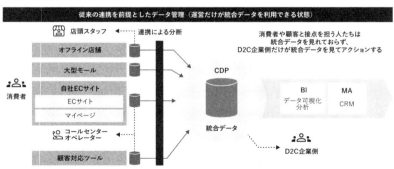

従来のデータ管理では、バラバラになったデータを統合管理しようとするものの、あくまでそのデータを利用できるのは D2C ビジネスの運用者に限った話でした。具体的には、D2C 企業内にいるデータサイエンティストやマーケティング担当者のみ、統合管理されたデータを利用できるこ

とになります（図9-20）。

　私たちは、事業オーナーだけではなく、ブランドに関わる全ての人が統合管理されたデータを活用できるべきだと考えており、これが実現されるプラットフォームを統合コマースプラットフォームと呼称しています。

　統合管理されたデータをあらゆる場所でリアルタイムに活用できると、その顧客体験価値は全く異なるものになります（図9-21）。

9-21：次世代のデータ管理

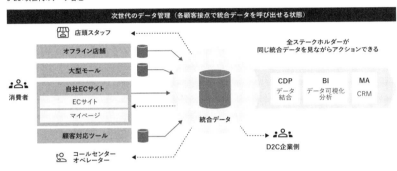

　ここでいうブランドに関わる全ての人とは、従来の「D2C運営」だけでなく、「ECサイト」、「オフライン店舗のスタッフ」、「コールセンターのオペレーター」そして「エンドユーザー」まで多岐に渡ります。

　例えば、顧客がマイページでオンラインでの購入履歴だけでなく、オフラインのどの店舗で何を買ったかまでの全てを確認する、ECサイト上の在庫はもちろん店舗ごとの在庫数をリアルタイムで確認する、といったことが統合管理されたデータによって実現できます。

　また、オフライン店舗のスタッフやコールセンターのオペレーターは顧客がロイヤル顧客なのか、新規顧客なのかをその場で判断でき、顧客に合わせた適切な接客を行うことで、顧客満足度を飛躍的に向上することもできます。

　統合管理されたデータをどこからでも活用できる状態は、顧客に対して

従来とは全く異なる良質な体験を提供し、顧客満足度とLTVを向上させ、真にビジネス価値の最大化に資することが可能になります。

データ統合管理の落とし穴

D2Cビジネスでは**「ブランドに関わる全ての人がリアルタイムに統合管理されたデータを活用できる状態」**が理想です。

しかし、実態としては、理想的なデータ統合管理と活用をできている企業はほとんどないでしょう。年間売上が数百億円でシステムに膨大な投資をしているようなエンタープライズ企業でさえも、こういった理想的な運用を実現できている企業はごく一部に留まります。

データを活用し、ビジネス価値を最大化することが重要という事実は、数十年前から言われていることです。また、EC／D2Cなどコマース領域においても、OMO、CDP、MA、BIといったデータ活用に関連するワードは何年も前から存在しているにもかかわらず、実際に統合データを活用した最適なマーケティング運用を実現できている企業が驚くほど少ないというのが、今の日本のコマース市場の実態なのです。

データ活用が進まない構造的な理由

データを活用するためのツールは世の中にすでにたくさん存在します。それにもかかわらず、なぜデータを活用したビジネス環境は促進されないのでしょうか。

前提として、D2Cビジネスはまだ歴史が浅く、データを活用したビジネスの最適化に関するノウハウが業界全体で不足していることは要因の1つでしょう。

しかし、データを活用したビジネス環境が促進されない原因には「IT人材の不足」という日本全体の問題があると考えています。

D2Cにおいてデータの統合管理を既存の仕組みで実現するためには、エンジニアやデータサイエンティストといった高度IT人材が必要となり、多くのD2C事業の関与者にとってこれらの仕組みを使いこなすこと

が困難です。

　CDP であるべきデータ管理を実施するためには、CDP にデータを取り込む前段階から、結合できるデータ構成になっている必要があります。

　つまり、CDP を活用すれば何でもできるという魔法はそこになく、最終的にデータを活用するためにはエンジニアやデータサイエンティストがデータ取得段階で各種システムごとのデータ設計をしておかなければなりません（図 9-22）。

9-22:異なるシステム間のデータ連携イメージ

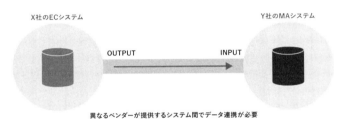

X社のECシステム　　　　　　　　　　　　　　Y社のMAシステム

OUTPUT　　　　　　　INPUT

異なるベンダーが提供するシステム間でデータ連携が必要

どんなデータが連携されるかをY社のMAツールは認識できないため
MAツール側で、データ理解させるための設定が必要

　また、データ活用系のツールでは、昨今「ノーコード」というワードが多用されています。この「ノーコード」が解決したのは、データ加工処理のための「SQL の構文を書く」という専門性を排除したことに止まり、様々なデータがどんな意味を持っているかという根本的な理解するデータサイエンス領域の専門性排除には至っていません。

　異なるシステム間のデータを連携する際には、事業成長と共に取り扱うデータの量や形も変化していき、データ活用が複雑になればなるほどデータに関するプロフェッショナル人材が必要となります。

　つまり、データを統合管理し活用できるビジネス環境の構築には、高度な専門性をもった IT 人材がいなければ難しいというのが実態なのです。

　しかしエンジニアやデータサイエンティストといった高度 IT 人材は、日本全体で不足している現状があり、採用競争率も非常に高く、IT 人材

9-23:国内におけるIT人材不足

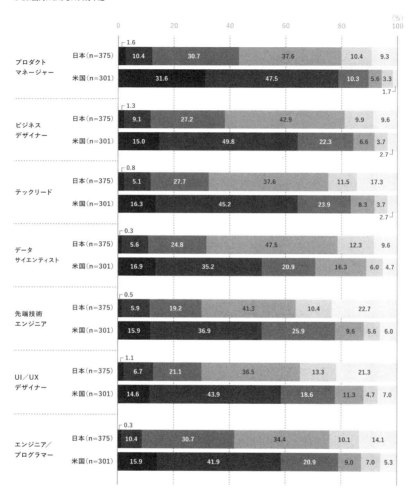

凡例: ■やや過剰である　■過不足はない　■やや不足している　■大幅に不足している　■わからない　　自社には必要ない

出典:「DX白書2023」(独立行政法人情報処理推進機構)図表4-7を基に作成

の採用による課題解消も非常に困難な状態です（図9-23）。

D2C ビジネスの最大の魅力である「データを活用したビジネスの最適

244

化」はビジネスの発展には必要不可欠である一方、それらが **IT 人材の不足という非常に根深い問題によって机上の空論化してしまっているのです。** これは D2C 業界の強い課題だと私たちは捉えています。

統合コマースプラットフォーム

D2C ビジネスでは「データを活用し顧客体験価値を最大化することで、顧客を資産化し、ビジネス価値を最大化する」ということが持続的な競争力になります。

しかし「日本の IT 人材不足」という解決困難な課題によって、そのあるべき姿は多くの事業者にとって机上の空論化しています。こういった根本課題の解決には、事業基盤であるシステムの進化が鍵になっていくでしょう。そして、その課題解決の先に、コト、モノづくりの次の発展があると私たちは確信しています。

こういった状況に対する解決策の 1 つが「統合コマースプラットフォーム」です（図 9-24、25）。

9-24:統合コマースプラットフォーム

統合コマースプラットフォームでは、EC システムを中心にあらゆる領域の関連システムをシームレスに活用することが可能です。従来の仕組みは「連携」を前提としているのに対して、統合コマースプラットフォーム

では「統合」をあるべき方向性とします。

この「統合」環境では、「データが分散しており活用が困難」という従来の課題を解消するだけでなく、**「ブランドに関わる全ての人がシステムを介して、リアルタイムに統合管理されたデータを活用できる」**という次世代のデータ管理で顧客体験価値の最大化を可能にします。

そして統合コマースプラットフォームの本質的な価値は、「専門性の排除」「自動化」「シームレスなデータ活用」の3つです。

9-25：統合コマースプラットフォーム

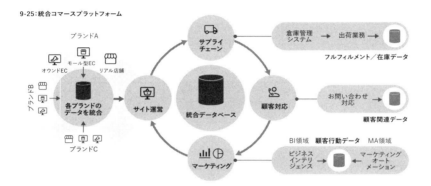

①専門性の排除

D2Cビジネスの事業改善において、自社人材のITスキル向上は全ての事業者が共通で抱えている課題であり、システムによるその専門性排除によって高度なITスキルは民主化されるべきであると考えています。

● データ専門性の排除

高度な専門性の代表的な例が「データ管理」であり、D2Cの真価である統合管理されたデータ活用によるビジネス価値最大化は、D2Cビジネスに携わる事業者にとって身近なものとして実現されなければいけません。

しかし、従来の「連携」を前提とした仕組みでは、高度IT人材なしに

データ活用は困難でした。

　統合コマースプラットフォームでは、D2C ビジネスに必要となるツール群が、共通のシステムベンダーによって 1 つの統合プラットフォーム上のアプリケーションとして提供されます。あらゆるツール上のデータは自動的に EC 顧客データと連動され、サービス利用者はそもそもデータ連携を意識する必要がありません。

　これによって、データの意味や場所を把握していなくても、シームレスに自動連携された統合データを利活用することが可能です。

　これは従来のデータを活用する上で、専門性ハードルを飛躍的に下げ、実務担当者レベルでもデータ活用ができるようになります。

　また、統合コマースプラットフォームで提供されるアプリケーション群は、UI や項目名称についても統一されているため、新たなアプリケーション利用の際の学習コストが最小化されることも大きな恩恵です。

● データ分析の専門性排除

　D2C ビジネスでは様々な指標によって、その健康状態を確認していかなければなりません。

　例えば、顧客 LTV の分析と一言で言っても、広告経路、決済方法、初回購入商品といった様々な軸で LTV を分析することで、LTV を改善するためにどのような施策が効果的なのかを仮説検証しながら事業運営をしていく必要があります。

　このように、データ活用には常に専門性が存在し、データ分析のためのダッシュボードを作成するだけでも、データサイエンティストや IT リテラシーが高いマーケターといった専門人材が必要です。

　統合コマースプラットフォームでは、分析システム側がデータ構造を理解しており、D2C ビジネスに必要な KPI や分析軸を全ての事業者にプリセットで用意することができます。そのため、サービス利用者は個別設定不要で事業状態を正しく把握することが可能になります。

● UI ／ UX 専門性の排除

　EC システムは事業基盤として D2C ビジネスに多大な事業インパクトをもたらします。特に EC サイト上の CVR は、事業の実績へ直接的な影響を与えるため、マーケターや UI ／ UX デザイナー、エンジニアといった専門性の高い人材が、事業者ごとに同じような改善 PDCA を繰り返しているのが実態です。

　一方で、「商品を多く売れる状態」という事業者の共通の目的を達成するための EC サイト UI ／ UX の最適解は一定程度収束していきます。
　様々な企業が EC ノウハウや UI ／ UX 領域の専門性をもった人材を採用し、個々に改善をしている現状は非効率とも言えます。統計的に最適化された UI ／ UX をビジネス開始時点から利用し、必要に応じてブランド固有の改善を加えていくというのがベストプラクティスです。
　EC のノウハウがないデザイナーや制作会社が見栄えの良いデザイン性を重視して、最も重要な購入導線や購入フォームなどで明らかに良くないパターンを踏んでいる事例も山のようにあります。
　統合コマースプラットフォームでは、プラットフォームが保有する膨大なビッグデータを基に、常に改善され続ける最適な EC サイトの UI ／ UX が提供されます。また、ノーコードでカスタマイズが可能でエンジニアも不要です。
　これにより D2C 事業者は、UI ／ UX 領域の専門性の高い人材がいなくても、UI ／ UX の品質が担保された EC サイトの構築が可能になります。

②自動化

　D2C ビジネスを成功させるためには、顧客とプロダクトに向き合い、顧客体験価値を高め、顧客 LTV を最大化していくために心血を注がなければなりません。しかしながら、D2C は日常オペレーションが非常に多く、人が担う必要のない業務で現場は溢れかえっています。
　その課題に対し、統合コマースプラットフォームでは、人が担う必要のないオペレーションについて簡単に省力化や自動化ができ、ブランドの運

用方針に合わせてオペレーションの自動化内容もカスタマイズすることができます。

データ分析業務についても、ダッシュボード上で常にリアルタイムで分析結果の確認ができ、表計算ソフトでは困難な時系列による変化に対しても簡単に可視化していくことが可能になります。

従来の仕組みでは、システムをまたいだオペレーションの自動化は困難ですが、「統合」された環境ではシステムによる業務の自動化ハードルが低くなることも特徴です。

このように、統合コマースプラットフォームでは、あらゆる領域の定常業務を自動化していくことで、本来最も時間をかけなければならない顧客やプロダクトと向き合える時間を確保し、よりよい顧客体験の追求を可能にする環境が実現されます。

③シームレスなデータ活用

D2C はビジネスの総合格闘技とも言われるほど、マーケティングから日常業務まであまりに多くの業務が存在し、それらの1つひとつがデータ活用により大きな顧客体験価値の創出につながる特徴があります。

「連携」のみを前提としたシステムでは、必要な機能間のデータや機能連携の精度が1レベル落ちてしまい、結果的に統合データを活用した最適なアクションが困難で、顧客体験に妥協を強いられているという実態があります。

顧客との直接的な接点が保有でき、顧客体験価値を高めることがビジネス成果に直結する D2C においては、この体験価値の積み重ねの差が長期的繁栄の大きな分かれ目になります。

D2C ビジネスでは全顧客に対して平等な応対をすることが、必ずしも合理的だと言えるわけではありません。

統合データを元にした接客や CS 対応方針を構築し、店頭やコールセンターのスタッフが顧客対応を行う際に、顧客のロイヤル度合いや過去履歴

をデータで把握しながら接客することで、顧客のロイヤリティがより高まる運営体制を作ることが可能です。

　このように、統合コマースプラットフォームによる「シームレスなデータ活用」では、ブランドに関わる全ての関与者が共通の統合データを見ながら、品質の高い顧客体験価値を顧客に提供することで、ブランドのビジネス価値を最大化していきます。

　こういった体験価値が今後のコト、モノづくりの発展には必要不可欠であり、次の時代の新常識になっていくでしょう。

　統合コマースプラットフォームでは、システムは「データを活用してビジネスを実行できる環境」を提供するだけでなく、人がやらなくても良い定常業務を「自動化」することで企業が顧客や商品と向き合える時間を増やし、最高の顧客体験を提供するために、人々の障壁となる「様々な専門性を排除」します。

　そして、次世代のデータ管理によってブランドに関与する全ての人・システムが同じデータに基づいて、顧客に対して最高の顧客体験価値を提供できるようになります。

　これがD2Cのビジネス価値を最大化していくために、最も重要な活動です。

　昨今では、コトやモノが生み出す豊かさが機能的な価値から情緒的な体験価値へとその比重が変化しつつあります。その中で、このビジネス環境がコト、モノづくりの発展を促し、人々の生活を豊かにしていくのだと私たちは信じています。

おわりに

　ここまで、D2C ビジネス成功のための事業与件となる知識やノウハウと、それらの事業与件を前提とし D2C の「集合知」を体系化した D2C ビジネスのフレームワーク「D2C THE MODEL」について解説を進めてきました。

　最後に、日本における企業生存率をご存知でしょうか。国内企業の生存率は 10 年で 6.3% です。これは 16 社のうち 15 社の企業は倒産しているということを意味しており、30 年という時間軸ではわずか 0.02% まで下がります。つまり、30 年後にはほとんどの企業やサービスは存在していない、ということが言えます。

　その理由は、間違いなく企業が事業運営において利益を出し続けることができなくなることに起因しているでしょう。これは、事業やサービスを立ち上げることよりも、継続的に利益を出し続ける持続的な事業を構築していくことの方がはるかに難しいということを意味します。

　D2C の本質は顧客を資産化し、顧客と長期的な関係を築くことでストック属性をもった収益基盤を構築していくことにあります。
　この状態を実現することは、売上や利益を上げていく上で他者に依存しない事業基盤を構築することを意味しています。また、本書の内容の通り、この状態を実現するために実行するべきことは本質的で再現性を生みやすい内容であり、複数の事業基盤構築についても企業全体の能力として備わる結果にもなるでしょう。
　そしてこの事業基盤を保有している企業の企業生存率は先ほどの一般水準とは比にならないものになると考えています。
　例えば、D2C と同様に商品企画から販売までを垂直統合した SPA のビ

ジネスモデルを保有するユニクロは GU でも成功していますし、グローバル企業でもいち早く D2C 戦略をコア戦略として取り入れてきた NIKE はスニーカーからラインナップ拡大したアパレルジャンルでも成長をし続けています。

　逆に顧客が自社の資産として貯まることがない従来型チャネルに売上利益を依存し続けてきた国内大手メーカーなどは、減少し続ける国内人口といった大きなマクロ要因も重なって苦戦を強いられているでしょう。

　D2C 化は既存メーカーのみが志向できる特別なビジネスモデルではなく、今後あらゆる業種の企業が参入可能なものになっていきます。
　現にコト、モノづくりの統合による顧客体験価値の最大化の可能性に気づいたサービス業やエンタメ業の事業者、インフルエンサーなどは既にメーカー事業に参入しています。
　売上を商品やサービスなど販売物あたりではなく、顧客あたりの売上（LTV）で考える D2C には、まさに様々な商売を統合して顧客価値を最大化していく統合コマースの考え方は非常にマッチします。そしてすでに魅力的なサービスを保有し展開している事業者ほど、D2C ビジネスでは優位になります。

　私たちは、コトやモノを問わず D2C をメインチャネルとして活用したビジネスへの参入が今後も激化していくと考えています。
　そのような中でも、コト、モノづくりに関わる全ての人々が、適切なノウハウとビジネスの実行環境を手に入れ、健全な競争環境と持続可能な生産環境が生まれることを願って止みません。
　そしてそれが、コト、モノづくりのさらなる発展につながり、企業生存率の改善を実現し、ビジネス大国としての日本を維持する要因の一つになると信じています。いつの時代も、人々の生活を豊かにし続けてきたのは、持続的なビジネスの発展なのです。

花岡 宏明

飯尾 元

D2C関連用語集

- **OEM**：「Original Equipment Manufacturing（Manufacturer）」の略。製造委託者のブランドとして製品を生産することや、その生産を担う企業を指す。

- **コマース**：商品やサービスの売買や交換を行う商業活動全般を指す言葉。商業の範囲は、小売業や卸売業、輸出・輸入業など多岐にわたる。

- **ローンチ**：英語の「launch（立ち上げ）」を語源とし、ビジネスでは事業、ブランド、商品、サービス等を新たに提供開始することを表す。

- **リテール／リテーラー**：「一般小売」の意味で、個人や中小企業など、比較的小口の販売先に対して販売する事業者やチャネルを指す。

- **配荷率**：自社商品がどのくらいの店舗で取り扱われているかを表す割合のこと。販売網がどれくらい広がり、生活者（見込み顧客）に対するカバレッジを得られている状態にあるかを把握するための指標。

- **UGC**：「User Generated Contents」の略で、ユーザーや一般人によって制作・生成されたコンテンツの総称。SNS、ブログ、動画投稿サイト、イラスト投稿サイト、レビューメディア、EC サイトなど、Web 上の様々な場所に投稿されたり書き込まれた動画・静画コンテンツ、レビューなどのコメントのことを指す。

- **インプレッション（imp）**：自社に関する情報が Web 広告、メディア、SNS などで露出され、ユーザーに表示された回数を示す指標。

- **CPM**：「Cost Per Mille（コスト・パー・ミル）」の略。広告が 1,000 回表示されるごとの広告コストを指し、露出獲得にあたってのコスト効率を把握するために使用される。

- **CPC**：「Cost Per Click（コスト・パー・クリック）」の略で、広告で 1 回クリックされるためにかかったコストを指す。

- **CTR**：「Click Through Rate」の略で、ユーザーに広告が表示された回数（インプレッション）のうち、広告がクリックされた回数の割合を指す。

- **CV ／ CVR**：サイト上での購入や会員登録など、設定した特定の成果に至ることを「CV（コンバージョン）」と呼び、サイト訪問者のうち CV に至った件数の割合を「CVR」と呼ぶ。

- **CPA ／ CPO**：CPA は「Cost Per Action（コスト・パー・アクション）」の略で、サイトでの顧客獲得の成果 1 件あたりに対してかかったコストを示す指標。対して CPO は「Cost Per Order（コスト・パー・オーダー）」の略で、新規購入 1 件あたりに対してかかったコストを示す指標。EC の場合は CPA ＝ CPO と考えられることが多い。会員登録やリスト獲得などの CV 成果を購入の手前の主要 KPI として置いている場合は、CPA を手前指標として CPO と切り分けて測定することが多い。

- **CTA**：「Call To Action（コール・トゥ・アクション）」の略。サイト訪問者の具体的な行動を喚起し、フォーム入力を促すためにサイト上に設置されたボタンやテキストのことをいう。

- **LPO**：「Landing Page Optimization（ランディングページオプティマイゼーション）」の略で、LP 型サイトでの成果を最大化するために最適化することを指す。

- **EFO**：「Entry Form Optimization（エントリーフォームオプティマイゼーション）」の略で、サイトでの入力フォームを最適化し、必須情報は取得しながらも入力漏れや手間を減らし顧客の離脱を最小化する UI ／ UX 改善のこと。

- **ROAS**：「Return On Advertising Spend」の略で、広告費に対してどれだけの売上が得られたかを表す指標。広告代理店がよく利用する指標だが、事業者にとっては広告費をかけて得られた売上から残った利益が重要であるため注意が必要。

- **ROI**：「Return On Investment」の略。「投資に対する利益」という意味で、広告費や販促施策費用に対してどれだけの利益が得られたかなど、投資としてかけた様々なコストに対してどれだけ採算が取れているかを測る指標。

- **GMV**：流通取引総額を示す「Gross Merchandise Value」の略。プラットフォーム事業者が、そのプラットフォーム上で行われている取引総額を把握するための指標として使われるが、メーカー視点では全チャネルでの受注ベース売上の総額を示すことが多い。

- **LTV**：「顧客生涯価値（Life Time Value）」の略称で、1 人の顧客が自社の商品やサービスへの消費を開始してから、自社がどれだけのその顧客から消費していただけるかを示す指標。D2C 実務上は売上ベースで計測する場合と、利益ベース（粗利 LTV）で計測する場合があり、計測範囲となる期間も 12 ～ 24 ヶ月の範囲で計測することが多い。

- **ユニットエコノミクス**：顧客 1 人あたりの経済性や採算性を示す。D2C では、「粗利 LTV - CPA（CPO）」から、このまま新規顧客獲得を増やしていけば採算が取れる状態であるのか（さらなる投資判断は正しいのか）がよくモニタリングされる。また、粗利 LTV ÷ CPA（CPO）で採算性の度合いもモニタリングされる。

- **OMO**：「Online Merges with Offline」の略語で、オフライン店舗とオンライン店舗（EC）の両チャネルを統合した事業管理、顧客管理、データ管理を実現し、顧客への一貫性ある体験提供を目指すマーケティング・チャネル戦略を意味する。

- **CDP**：「Customer Data Platform」の略で、顧客の属性データ、行動データなどを収集・統合・分析・活用するためのデータ基盤となる仕組みを指す。

- **MA**：「Marketing Automation（マーケティング・オートメーション）」の略。統合された様々なデータを基に、マーケティングや CRM に関する業務を自動化・効率化するための仕組み。

- **BI**：「Business Intelligence（ビジネス・インテリジェンス）」の略で、蓄積されたデータを、収集・集計・分析・可視化し、データに基づいた現状把握・打ち手の検討・意思決定を手助けする仕組み。

- **SKU**：「Stock Keeping Unit（ストック・キーピング・ユニット）」の略で、商品の受発注や在庫管理上の最小の管理単位を指す。商品のユニークな単位の種類を「アイテム」と呼ぶが、SKU はそれをさらに色やサイズなど細かい単位に分類した管理単位になる。実務上はユニーク商品のことを SKU と呼ぶこともあるため、会話の中ではどの粒度の分類を指して SKU と呼んでいるか、相手とすり合わせた上で会話をする必要がある。

［著者略歴］

花岡宏明

1987年、大阪府出身。2010年に関西大学を卒業後、国内最大手SI企業に入社。プロジェクトマネージャーとして大手金融企業の基幹システムを運用。システム開発における技術力とビジネス知識を活かし臨んだITプラットフォーム事業での成功体験から、「自分たちの生み出したビジネスモデルで業界を変革したい」と決意。2014年にSUPER STUDIOを創業、同社取締役に就任。全社の経営戦略やプロダクトビジョンをリードし、COOとして全事業の執行を統括している。

飯尾 元

早稲田大学法学部卒業後、国内最大手インターネットサービス企業に入社。ファーストパーティEC事業の事業戦略部門で、主に新レベニューソース創出、利益改善、SCM改革などのプロジェクトを担当。その後、外資コンサルファームにて、デジタル時代の新規事業開発、ビジネスモデル変革等、デジタル戦略関連プロジェクトに従事。2019年にSUPER STUDIOに入社し、現在ではCMOとしてSaaS事業のセールス＆マーケティングを統括しながら、自社D2C部門やクライアント事業のコンサルティング部門を管掌している。

D2C THE MODEL

ディーツーシー ザ モデル

2023年10月1日　初版発行
2023年10月29日　第4刷発行

著　者　　花岡宏明／飯尾元

発行者　　小早川幸一郎

発　行　　株式会社クロスメディア・パブリッシング
〒151-0051 東京都渋谷区千駄ヶ谷4-20-3 東栄神宮外苑ビル
https://www.cm-publishing.co.jp
◎本の内容に関するお問い合わせ先：TEL（03）5413-3140／FAX（03）5413-3141

発　売　　株式会社インプレス
〒101-0051 東京都千代田区神田神保町一丁目105番地
◎乱丁本・落丁本などのお問い合わせ先：TEL（03）6837-5016／FAX（03）6837-5023
（受付時間10:00～12:00、13:00～17:30 土日祝祭日を除く）
service@impress.co.jp
※古書店で購入されたものについてはお取り替えできません
◎書店／販売会社からのご注文窓口
株式会社インプレス 受注センター：TEL（048）449-8040／FAX（048）449-8041

印刷・製本　　株式会社シナノ